Implantation d'églises

DAG HEWARD-MILLS

Parchment House

Sauf indication contraire, toutes les citations bibliques sont tirées de
la version Louis Segond de la Bible

L'extrait cité au chapitre 17 est tiré de « *Classic Books for Today, n°196, An Hour Series: An hour with David Livingstone.* » de Walter Mc Cleary. Tomber dans le domaine public.

L'extrait cité au chapitre 14 « *Les onze plaintes de Moïse* » est tiré de la Dakes Annotated Bible, page 66. Utilisé avec permission.

Copyright © 2013 Dag Heward-Mills

Titre original : ***Church Planting***

Publié pour la première fois en 2004 par Parchment House

Version française publiée pour la première fois en 2009

Troisième impression en 2015

Traduit par : Arlette Mbarga

Pour savoir plus sur Dag Heward-Mills
Campagne Jésus qui guérit
Écrivez à : evangelist@daghewardmills.org
Site web : www.daghewardmills.org
Facebook : Dag Heward-Mills
Twitter : @EvangelistDag

ISBN : 978-9988-8550-9-3

Dédicace

À ***Nii Adjeidu et Adélaïde Amar***

Merci pour votre amitié, votre soutien et bien sûr,
la presse typographique !

Tous droits de traduction, de reproduction et d'adaptation réservés pour tous pays. À l'exception des analyses et citations courtes, toute exploitation ou reproduction même partielle de cet ouvrage est interdite sans l'autorisation écrite de l'auteur.

Table des matières

1. Expansion de l'Église 1
2. L'état d'esprit de ceux qui implantent des églises 6
3. Les œuvres de ceux qui implantent des églises 22
4. L'implantation d'églises et l'église de Jérusalem 27
5. L'implantation d'églises et l'église d'Antioche 34
6. La prédication, l'enseignement et l'implantation d'églises 37
7. Pourquoi la prédication est puissante 44
8. Pourquoi l'enseignement est puissant 57
9. Implantation d'églises et le Ministère des tentes 63
10. Comment et quand se lancer dans le Ministère des tentes 68
11. Stérilité et implantation d'églises 79
12. Comment diagnostiquer la stérilité 86
13. Comment combattre différentes sortes de stérilité 90
14. L'intercession : le moyen qui permet de vaincre la stérilité 107
15. Alliances et implantation d'églises 112
16. L'onction de Rebecca 114
17. Sacrifice et implantation d'églises 116
18. Obéissance et implantation d'églises 128
19. L'implantation d'églises et le ministère de sacrificateur 142
20. Comment implanter une église 146
21. Implanter un réseau d'églises 157

Chapitre 1

Expansion de l'Église

L'avancement

On se demande parfois si l'église avance réellement ou pas. Ses activités sont nombreuses et beaucoup de programmes y sont organisés. Mais le Royaume de Dieu avance-t-il vraiment ou tourne til en rond ?

Dans une grande ville, on voit souvent surgir de nouvelles églises. Tout le monde en parle et on a l'impression que Dieu est en train de faire quelque chose de nouveau. On y accourt et chacun semble se prendre d'affection pour cette nouveauté. Mais à bien y regarder, on se rend souvent compte que la nouvelle congrégation est formée de personnes venant d'une église des environs.

Le Royaume de Dieu comporte un grand nombre de chrétiens charnels constamment à la recherche de nouveautés et de sensations. Beaucoup de pasteurs s'enthousiasment, croyant que leurs églises grandissent et qu'il y a un réveil. En réalité, la croissance générale dans le Royaume de Dieu est moindre. Les gens ne font qu'aller d'une église à l'autre. **Il faut que le Royaume de Dieu avance réellement.**

Il y a quelques années, les Européens envoyèrent des missionnaires en Afrique et en Asie. Par ce sacrifice, des nations entières ont été christianisées. D'anciens païens se convertirent à Christ. Regardons la réalité en face : la population mondiale est plus importante aujourd'hui. De plus, beaucoup de personnes n'ont pas vraiment d'église ou de pasteur. Aujourd'hui, la nécessité pour l'église d'avancer réellement vers des territoires non christianisés est plus grande.

Lorsque les Européens envoyèrent des missionnaires il y a deux cents ans, la population mondiale n'était que d'un milliard. En 2004, il y avait 6,1 milliards de personnes dans le monde.

Dans le monde séculier, on déplore souvent la disproportion entre le nombre de médecins et le nombre d'habitants. Mais qui se soucie de la disproportion entre le nombre de pasteurs et le nombre d'habitants ? Combien d'évangélistes y a-t-il par rapport au nombre d'êtres humains aujourd'hui ?

Comment faire avancer le royaume

Le Royaume de Dieu connaîtra un réel avancement lorsque nous suivrons les instructions de Christ. Le dernier commandement que donna Jésus fut d'aller dans le monde et de faire des disciples !

Jésus, s'étant approché, leur parla ainsi : Tout pouvoir m'a été donné dans le ciel et sur la terre. ALLEZ, FAITES DE TOUTES LES NATIONS DES DISCIPLES, les baptisant au nom du Père, du Fils et du Saint Esprit, et enseignez-leur à observer tout ce que je vous ai prescrit. Et voici, je suis avec vous tous les jours, jusqu'à la fin du monde. Amen.

Matthieu 28 : 18-20

Dans ce passage, Jésus nous demand tous d'enseigner la Parole de Dieu. Ce n'est qu'en les réunissant régulièrement qu'il est possible d'enseigner les gens.

Ce qu'est réellement une église

Le rassemblement régulier de chrétiens dans le but de leur donner un enseignement s'appelle « une église ». En d'autres termes, notre Seigneur nous demandait d'aller dans le monde et de *rassembler* régulièrement les gens afin de leur enseigner la Parole. Dieu crée des rassemblements de personnes pouvant être enseignées. Par Son Esprit, Dieu suscite des hommes qui iront dans toutes les parties du monde pour rassembler régulièrement des gens et leur enseigner Sa Parole.

Plus il y a de rassemblements et de groupes, plus la Grande Mission est accomplie. Plus il y a de groupes que l'on enseigne, plus la Grande Mission est accomplie. Ces groupes sont les églises qu'implantent les serviteurs du Seigneur obéissants.

On aime à impressioner les gens

Malheureusement, parce que la plupart des pasteurs se préoccupent beaucoup de ce que pensent les gens, ils ne peuvent pas remplir cette Grande Mission de manière efficace. Ce qu'on aime, c'est avoir de grands et d'impressionnants rassemblements que tout le monde peut voir ! Nous voulons que les gens pensent que nous sommes grands ! Après tout, plus la congrégation est grande, plus le pasteur paraît important.

Quand LE PEUPLE EST NOMBREUX, c'est la gloire d'un roi...
Proverbes 14 : 28

Il est nécessaire d'organiser de nombreux rassemblements de personnes dans tous les endroits possibles afin de remplir la Grande Mission. La vastitude du monde et la répartition des populations exigent que les pasteurs et les gens passent de l'*église à congrégation unique à plusieurs rassemblements à différents endroits*. Si nous voulons réellement obéir au Seigneur, nous n'avons pas d'autre choix que d'obéir à cela.

Il faut former des dirigeants. Il faut former des pasteurs. Il faut former des ouvriers. Il faut que la mentalité du « vedettariat » dans l'église disparaisse. Cette mentalité veut qu'il y ait un grand pasteur que tout le monde reconnaît et loue. Nous croyons souvent à tort que c'est le pasteur qui a la plus grande congrégation qui sera le plus grand au ciel. C'est faux. *C'est le pasteur le plus humble et le plus semblable à un petit enfant* qui sera le plus grand au ciel.

En ce moment, les disciples s'approchèrent de Jésus, et dirent : QUI DONC EST LE PLUS GRAND DANS LE ROYAUME DES CIEUX ? Jésus, ayant appelé un petit enfant, le plaça au milieu d'eux, et dit : Je vous le dis en vérité, si vous ne vous convertissez et si vous ne deveniez comme les petits enfants, vous n'entrerez pas

dans le royaume des cieux. C'est pourquoi, quiconque se rendra humble comme ce petit enfant SERA LE PLUS GRAND DANS LE ROYAUME DES CIEUX.

Matthieu 18 : 1-4

Jésus a clairement dit qui serait le plus grand dans le Royaume. Ce n'est pas à la taille de votre congrégation que l'on peut juger de votre humilité. *En fait, les pasteurs ayant les plus petites congrégations sont susceptibles d'être plus humbles (et par conséquent plus grands au ciel) que ceux ayant de grandes congrégations.*

Ce qu'il faut, c'est un plus grand nombre de congrégations, d'églises et de fruits pour notre Maître. Implantons des églises ! Une église à chaque coin de rue et dans chaque langue ! Tel doit être l'objectif du véritable serviteur de Dieu. Un rassemblement sous chaque poteau électrique ou chaque arbre fera avancer le Royaume.

Cessons de chercher à impressionner les autres. Cessons d'évaluer nos ministères en fonction de la taille de nos

congrégations. Rassemblons-nous. Chers dirigeants d'église, ne recherchez pas l'honneur des hommes mais l'honneur (l'approbation et l'aval) de Dieu.

Comment pouvez-vous croire, vous qui tirez votre gloire (approbation et aval) les uns des autres, et qui ne cherchez point la gloire (approbation et aval) qui vient de Dieu seul ?

Jean 5 : 44

Est-ce qu'évangéliser, c'est remplir la Grande Mission ?

L'évangélisation et les croisades sont une bonne chose, car elles sont le point de départ de l'enseignement. Les évangélistes doivent aller de l'avant. Mais remplissent-ils réellement la Grande Mission ? Oui et Non ! OUI, parce qu'ils démarrent le processus et NON, parce que sans l'enseignement, qui se fait

Expansion de l'Église

par l'implantation d'églises, la Grande Mission ne sera pas réellement remplie.

En termes plus simples, LA GRANDE MISSION, C'EST L'ÉVANGÉLISATION SUIVIE DE L'IMPLANTATION D'ÉGLISES. Les églises sont des rassemblements de personnes à qui l'on enseigne ensuite la Parole.

Implanter des églises dans des territoires vierges

Par-dessus tout, les églises doivent être implantées là où le Seigneur nous le demande. Les Églises doivent être implantées dans les villes et les villages.

Je pense qu'il est nécessaire d'implanter des églises dans des territoires vierges. La plupart d'entre nous se concentre dans des régions où les choses marchent déjà. Mais je vous assure qu'il y a des endroits intouchés où Dieu nous a appelés. Il faut que la passion et l'engagement de gagner les âmes et d'implanter des églises revienne dans l'Église. Nous devons sacrifier nos jeunes à cette fin.

Les pasteurs doivent s'inquiéter du fait que l'Islam gagne du terrain dans de nombreuses régions d'Afrique et du monde, alors que l'Église regarde sans rien dire. Les musulmans ont le sens du sacrifice et n'hésitent pas à aller dans les villes et les villages les plus reculés de beaucoup de nations.

Pendant ce temps les Chrétiens, qui ont reçu l'ordre d'aller dans les coins les plus reculés de la terre, restent assis dans les villes du monde les plus proches et les plus favorables ! Mais vous recevrez une puissance, le Saint Esprit survenant sur vous, et vous serez mes témoins à Jérusalem, dans toute la Judée, dans la Samarie, et JUSQU'AUX VILLES LES PLUS PROCHES, FAVORABLES ET PROSPÈRES DU MONDE ! (Dans quelle Bible trouve-t-on cela ?)

Du reste, mon fils, tire instruction de ces choses ; on ne finirait pas, si l'on voulait faire un grand nombre de livres.

Chapitre 2

L'état d'esprit de ceux qui implantent des églises

Ayez en vous les sentiments...

Philippiens 2 : 5

Christ avait un état d'esprit qui le poussait à faire ce qu'Il fit. Ce verset nous enseigne à penser de la même manière que Christ. C'est ce que signifie « Ayez en vous les sentiments ». C'est seulement lorsque nous avons un certain état d'esprit que nous pouvons faire la volonté de Dieu.

J'écris au sujet de la manière dont doit fonctionner votre esprit si vous voulez implanter des églises. Sans ce principe de base, personne n'avancera dans la tâche très difficile qui consiste à implanter des églises.

Les chapitres qui vont suivre vous enseignent l'importance de la doctrine de l'implantation d'églises. Vous serez poussé à le faire et votre ministère sera incité à s'engager dans le dernier grand mouvement apostolique d'implantation d'églises.

1. Comprenez que Dieu supervise vos œuvres

Chers amis, vos œuvres sur terre sont supervisées. Dieu vous demandera des comptes sur ce qu'Il a mis en vous. Il vous demandera ce que vous avez fait de Ses dons. Dieu vous demandera des comptes sur les choses qu'Il vous a données. Il demandera des comptes sur vos œuvres !

Il est intéressant de voir que la phrase « *Je connais tes œuvres* » revient souvent dans les sept lettres écrites aux sept églises. De quelles œuvres s'agit-il ? Quelles qu'elles soient, il est important que ces œuvres soient pleinement en place dans chaque église. Notez les versets ci-après :

JE CONNAIS TES ŒUVRES, et ton travail, et ta patience ; et comment tu ne peux supporter ceux qui sont malveillants ; et tu as éprouvé ceux qui se disent apôtres, et ne le sont pas, et tu les as trouvés menteurs.

Apocalypse 2 : 2
(Bible King James française)

JE CONNAIS TES ŒUVRES, et ta tribulation, et ta pauvreté, (bien que tu sois riche), et je connais le blasphème de ceux qui disent qu'ils sont Juifs, et ne le sont pas, mais sont la synagogue de Satan.

Apocalypse 2 : 9
(Bible King James française)

JE CONNAIS TES ŒUVRES, et où tu demeures, là même où est le siège de Satan ; et tu tiens ferme mon nom, et tu n'as pas renié ma foi, même aux jours où Antipas mon fidèle martyr, qui a été mis à mort parmi vous, où Satan demeure.

Apocalypse 2 : 13
(Bible King James française)

JE CONNAIS TES ŒUVRES, et ta charité, et ton service, et ta foi, et ta patience, et tes œuvres ; et ces dernières surpassent les premières.

Apocalypse 2 : 19
(Bible King James française)

Et à l'ange de l'église à Sardes écris : Ces choses, dit celui qui a les sept Esprits de Dieu, et les sept étoiles : JE CONNAIS TES ŒUVRES, que tu as la réputation d'être vivant ; et tu es mort.

Apocalypse 3 : 1
(Bible King James française)

JE CONNAIS TES ŒUVRES : voici, j'ai placé devant toi une porte ouverte, et personne ne peut la fermer ; car tu as peu de force, et tu as gardé ma parole, et que tu n'as pas renié mon nom.

Apocalypse 3 : 8
(Bible King James française)

Dieu n'a pas dit : « Je connais tes maisons et tes voitures. » Il n'a pas dit : « Je connais tes Mercedes Benz ». Il a dit : « Je connais tes œuvres ! » Il n'a pas dit : « Je connais tes diplômes. » Il n'a pas dit : « Je connais ton père et ta mère. » Il a dit : « Je connais tes œuvres ! »

2. Implanter des églises est la clef qui permet d'aller jusqu'au bout avec Dieu

Car celui qui voudra sauver sa vie la perdra, mais celui qui perdra sa vie à cause de moi et de la bonne nouvelle la sauvera.

Marc 8 : 35

En 1985, je pris la décision d'aller jusqu'au bout avec Dieu. Je venais juste de passer un examen très difficile à l'École de médecine. J'avais l'impression d'avoir été passable. En réfléchissant aux efforts que j'avais dû fournir pour cet examen et à tout le travail que cela m'avait demandé, j'eus le sentiment que cela n'en valait pas la peine. Pourquoi devais-je tant souffrir pour la médecine ? Pourquoi donner ma vie pour une telle cause ?

Ce jour-là, je fis le vœu d'accorder désormais la première place à l'œuvre de Dieu. Je pensais déjà que Dieu était la personne la plus importante de ma vie. J'étais un responsable chrétien très sérieux, mais je ne me rendais pas compte que l'œuvre de Dieu n'était pas ma priorité. Ce jour-là, je décidai que mon objectif premier serait l'œuvre de Dieu ! Tout le reste devint secondaire. Ce fut vraiment un tournant dans ma vie.

À partir de ce jour-là, mon objectif premier fut Dieu et le ministère. Je donnai à l'École de médecine la place qu'elle méritait dans mon ordre de priorités, à savoir la deuxième ou la troisième. C'est probablement à ce moment-là que je suis entré dans le ministère à plein temps.

Il est intéressant de noter qu'après avoir pris cette décision, je commençai à avoir d'excellentes notes à l'École de médecine. J'eus une mention et je gagnai des prix ! À ma grande surprise, j'avais les meilleures notes de la classe. Mon cœur était éloigné de toute ambition médicale, mais on me couvrait de lauriers médicaux. N'est-il pas surprenant que Dieu vous rende les choses auxquelles vous avez renoncé ? Il faut de la foi pour marcher avec Dieu. Il se produisit le contraire de ce à quoi je m'attendais. C'est cela, marcher avec Dieu. Celui qui perdra sa vie la sauvera ! Celui qui voudra sauver sa vie la perdra ! Vous aurez toujours besoin de la foi. Vous devrez toujours croire.

Depuis ce jour-là, je suis demeuré pleinement connecté au ministère. Peu de temps après cela, j'ai implanté ma première église, dont je suis toujours le pasteur. Depuis, j'ai participé à l'implantation de plus de 900 églises environ. Un jour, je fis une alliance avec le Seigneur, à savoir implanter au moins mille églises au Ghana seulement. Je prie toujours que Dieu me donne la grâce de respecter cette alliance. J'irai jusqu'au bout ! Plus rien ne me retient. Que Sa volonté soit faite dans ma vie !

En 1989, j'ai reçu mon diplôme de médecin. Dès avril 1990, j'avais fini mon internat. Tous mes collègues médecins se préparaient à aller à l'étranger. Il était très clair que le Seigneur me demandait de rester au Ghana. Mon église ne comptait que quelques membres, mais je décidai de rester.

Je savais que je m'étais condamné à une vie de pauvreté. J'en parlai à mon épouse et elle fut d'accord. Elle me soutint jusqu'au bout. Je savais que je n'aurais jamais de maison ou quelque chose du genre. Je le savais. Malgré cela, je dis : *« Seigneur, je t'aime de tout mon cœur, je le ferai. Je me remets entre tes mains. »*

Beaucoup d'années ont passé, et tout cela en a valu la peine. Il a dit : *« Cherchez premièrement le Royaume de Dieu et sa justice et tout cela vous sera donné par-dessus. »*

Car celui qui voudra sauver sa vie la perdra, mais celui qui la perdra à cause de moi la sauvera.
Luc 9 : 24

3. Vous êtes censé accomplir certaines œuvres pendant votre séjour sur Terre

Car c'est par la grâce que vous êtes sauvés, par le moyen de la foi. Et cela ne vient pas de vous, c'est le don de Dieu. Ce n'est point par les oeuvres, afin que personne ne se glorifie. Car nous sommes son ouvrage, AYANT ÉTÉ CRÉÉS EN JÉSUS CHRIST POUR DE BONNES OEUVRES, que Dieu a préparées d'avance, afin que nous les pratiquions.

Éphésiens 2 : 8-10

Dieu a préparé de bonnes œuvres que tu dois accomplir. C'est pour cela que tu es en vie. Ne t'y trompe pas, si tu es encore en vie, c'est uniquement pour que tu accomplisses de bonnes œuvres.

Un jour, j'étais dans le taxi d'un Anglais. Je lui demandai s'il croyait en Dieu. Il me répondit que non, et me demanda si je croyais à de telles choses.

Je lui répondis que oui. Il me demanda ensuite si je croyais au Ciel et à l'Enfer. Je lui répondis : « Oui, absolument. »

Il demanda encore : « Croyez-vous que le Ciel est un endroit où il fait bon vivre ? »

Je répondis : « Le Ciel est un merveilleux endroit et nous sommes tous impatients d'y être un jour. »

Il poursuivit : « Croyez-vous que la vie au Ciel sera meilleure que la vie sur Terre ? »

« J'en suis convaincu », répondis-je.

Puis il posa une question que je n'ai jamais oubliée depuis.

Il dit : « S'il est vrai qu'on vit mieux au Ciel que sur Terre, pourquoi ne pas vous tuer tous, de manière à pouvoir y aller dès à présent ? »

Avant que je ne puisse répondre, nous étions arrivés à destination et je dus descendre. En m'éloignant, je repensai à la question que m'avait posée cet homme. Elle était tout à fait pertinente : « Pourquoi ne pas aller au Ciel tout de suite si c'est un endroit si merveilleux ? »

Mais la Parole de Dieu nous montre que nous devons encore rester sur Terre. Nous sommes là pour faire de bonnes œuvres. Nous avons reçu l'ordre de faire certaines bonnes œuvres sur cette Terre ! Nous ne pouvons pas partir sans avoir fini notre œuvre sur Terre.

Un jour, Kenneth Hagin vécut une expérience au cours de laquelle il mourut physiquement. Alors que son esprit sortait de son corps, il entendit une voix qui disait : « Retourne, retourne, tu n'as pas fini ton œuvre sur Terre. » Son esprit retourna dans son corps et il vécut encore plusieurs années, accomplissant les bonnes œuvres que Dieu l'avait appelé à faire.

L'autre raison pour laquelle nous ne nous suicidons pas, c'est que le suicide est un crime. C'est contraire à la loi et à la volonté de Dieu.

4. C'est être sage que de penser au Ciel et d'avoir conscience que l'Éternité approche

Un jour, un de mes pasteurs vint me dire au revoir au bureau. Il voulait que je prie pour lui. Il partait comme missionnaire à l'étranger. Alors qu'il était assis près de moi, l'Esprit de Dieu descendit sur moi et je lui parlai sous l'effet de l'onction. Je dis *« Pense toujours comme un homme qui est en train de mourir et tu seras sage.* Pense à ta prochaine arrivée au ciel et tu seras sage. » Vous savez, quand une personne est sur son lit de mort, elle pense différemment de ceux qui ne pensent pas aux réalités du Ciel et de l'Enfer.

Je me souviens d'une discussion que j'eus avec mon épouse. Je lui demandai : « Que penses-tu que Dieu me dira lorsque j'arriverai au Ciel ? » Je ne me souviens pas de sa réponse, mais c'est une ques- tion que je me pose tout le temps. Est-ce que le Ciel est satisfait de moi ? Est-ce que Dieu est satisfait de moi ? Que me dira Jésus le jour où je serai face à lui ?

Malheureusement, la plupart d'entre nous n'avons que des préoccupations terrestres - l'argent, les voitures, les visas, le pouvoir, l'influence et l'honneur des hommes. Cette manière de penser n'est pas de la sagesse. Si vous mourez sans avoir fait Ses œuvres, vous aurez l'air bête le jour de votre mort.

Ne vous y trompez pas. Votre temps sur Terre est limité. Après cette journée, vous aurez un jour d'opportunités en moins. Les maisons que vous construisez et les choses que vous acquerrez n'ont pas de valeur réelle. Jésus a dit : « **Ne vous amassez pas des trésors sur Terre.** » Pourquoi l'a-t-il dit ? Jésus est-il contre les belles choses ? Certainement pas ! Il essayait de nous faire acquérir la plus haute forme de sagesse : vivre en pensant à l'éternité et croire à la résur-rection. Plus nous pensons à l'éternité, plus nous sommes sages !

Faites un petit calcul maintenant : combien d'années vous restera-t-il à vivre après que vous ayez lu ce livre ? Comparez cela aux nombreuses années que vous passerez dans l'éternité.

Mon père m'a dit un jour que la manière dont je passe les vingt cinq premières années de ma vie déterminera celle dont je passerai les quarante-cinq années suivantes de ma vie. À vingt-cinq ans, j'étais médecin et pasteur. Les vingt-cinq premières années de ma vie ont réellement influencé les années qui ont suivi.

Mais j'ai un conseil encore plus sage à vous donner : « La manière dont vous passez vos soixante-dix années sur Terre déterminera celle dont vous passerez des millions d'années dans l'éternité. »

Ne soyez pas comme le jeune et riche insensé qui pensait que la vie s'arrêtait sur terre. Il était en train de faire différents projets lorsque l'Éternel lui dit : « Insensé, ce soir ton âme te sera redemandée. » La même nuit, le Seigneur le rappela au Ciel en dépit de ses projets terrestres. Dieu sait le jour où Il vous appellera pour vous demander des comptes. Soyez prêts avec vos œuvres. Je connais tes œuvres !

5. Vous avez été créé pour être plus que quelqu'un de bien dans la société

Nous n'avons pas été créés simplement pour être des personnes « bien ». Nous avons été créés pour faire certaines bonnes œuvres. Ces bonnes œuvres ont été ordonnées par Dieu et non par vous. En d'autres termes, Dieu a déjà déterminé les œuvres que vous êtes censé accomplir. Personne ne peut impressionner Dieu par ses œuvres. Votre bonté, votre moralité, votre droiture et votre perfection n'impressionnent pas Dieu. Pour plaire à Dieu, il faut faire ce qu'Il vous dit de faire.

C'est après avoir mangé du fruit de l'arbre de la connaissance du bien et du mal, que les hommes commencèrent à être obsédés par ce qu'ils pensent être « bien ou mal ». Ce qui est juste, c'est d'obéir à Dieu. Faire des choses bonnes, morales et droites ne font pas nécessairement plaisir à Dieu.

Lorsque Satan approcha Jésus dans le désert, il lui suggéra de faire de « bonnes choses ». Il demanda à Jésus d'utiliser la puissance de Dieu pour transformer des pierres en pain, mais Jésus ne le fit pas.

Il demanda également à Jésus de se protéger par la puissance de Dieu, mais Jésus ne le fit pas. Il s'agissait de « bonnes choses », mais Jésus ne les fit pas. Il savait qu'obéir à Dieu était ce qu'il fallait faire. Le diable demande aussi aux gens de faire de « bonnes choses », mais cela cache toujours quelque chose. Dès que vous sortez de la volonté de Dieu, vous êtes dans le péché, même si ce que vous faites est une « bonne chose ».

Anomie

Permettez-moi de vous aider en définissant le péché. Pécher, ce n'est pas nécessairement faire quelque chose de mal. Cela vous surprendra peut-être de savoir que faire quelque chose de bien, qui ne correspond pas à la volonté de Dieu, c'est pécher. Comme je l'ai dit plus tôt, il y a beaucoup de bonnes choses que Jésus n'aurait tout simplement pas faites.

Jésus aurait pu vivre plus longtemps, mais Il accepta la volonté de Son père, celle de mourir sur la croix à trente-trois ans. N'aurait-ce pas été une bonne chose que Jésus voyageât à travers le monde entier et prêchât jusqu'à l'âge de quatre vingt ans ? Il y a beaucoup de malades que Jésus n'a pas guéris. Pourquoi ? N'était-ce pas une bonne chose que de guérir les malades ?

À ce stade, nous devons comprendre la définition fondamentale du péché. LE PÉCHÉ EST LE REJET DE LA VOLONTÉ DE DIEU. LE PÉCHÉ EST LE REFUS D'ACCEPTER LE PLAN ET LA VOLONTÉ DE DIEU. C'est substituer vos plans à ceux de Dieu. Le péché est la substitution de votre sagesse à celle de Dieu !

C'est cela le sens d'« anomie ». Ce mot vient du mot grec « *anomia* » qui signifie rejeter la loi, la volonté et la voie de Dieu. Comme il est triste de souvent penser que l'on sait mieux que Dieu.

Quiconque pèche transgresse la loi, et le péché est la transgression de la loi.

1 Jean 3 : 4

Ce passage des Écritures nous montre que la transgression de la loi est un péché. Le mot « transgression » vient du mot grec « *anomia* ». Ce mot fait référence à « celui qui agit contrairement à la loi. »

Selon le dictionnaire biblique anglophone Vine's, ce verset donne la véritable signification du péché. Il ajoute que « cette définition montre l'essence même du péché, à savoir le fait de rejeter la loi ou la volonté de Dieu et de la remplacer par sa propre volonté. »

Il y a des années de cela, je me souviens avoir fait part à Dieu de mes intentions de le servir. Je décidai que j'allais travailler dans le monde séculier pour gagner beaucoup d'argent afin de soutenir l'œuvre de Dieu. Je dis à Dieu que j'allais être un salarié à revenu élevé qui donnerait des milliers de dollars au royaume.

Je ne suis pas le seul à avoir cette idée. J'ai rencontré un nombre incalculable de personnes qui ont exprimé des ambitions similaires. Il est surprenant de voir que seul un très petit nombre, si ce n'est aucune de ces personnes, donne effectivement beaucoup d'argent au royaume. Je suis pasteur à plein temps ; je sais donc ce que font les gens. La plupart des riches que je connais ne donnent pas grand-chose au royaume. En fait, vous devez quasiment les implorer pour qu'ils vous crachent quelques unes de leurs pièces d'or.

Puis je être honnête avec vous ? Je crois que je suis déjà passé par ce chemin (lequel aurait été mon chemin et non le chemin de Dieu). J'aurais donné très peu d'argent au royaume. Je crois que j'aurais probablement critiqué les pasteurs et les églises pour la manière dont ils utilisent l'argent. Pitié Seigneur !

Voyez vous, Dieu sait mieux que nous, et lorsque Dieu m'a appelé à devenir ministre à plein temps, il savait ce qu'il faisait. Je me rappelle clairement qu'à la fin de l'année 1990, le Seigneur m'a demandé d'arrêter toutes mes autres activités et de devenir ouvrier dans le ministère à plein temps. Mon chemin aurait été de donner à Dieu de l'argent pour le faire taire. Que Dieu nous pardonne !

J'ignorais quel serait mon futur ministère. J'aurais abandonné le ministère et les récompenses auxquelles il m'a appelé.

La valeur du pouce

Un jour, j'ai rencontré un homme qui avait perdu son pouce suite à un accident de travail dans une usine. Il était entrain de le montrer à des amis lorsque mon attention fut attirée. Il raconta comment c'était arrivé et nous dit quelle compensation il avait reçue pour son pouce.

Avec des sentiments partagés, il déclara qu'il avait reçu huit mille livres sterling. Je n'avais qu'une livre sur mon compte à cette époque, et je pensai : « Quel chanceux ! »

Des années plus tard, le Seigneur me rappela cet événement et me demanda de faire un calcul :

« Si cet homme a reçu huit mille livres pour seulement un seul pouce, combien coûteraient deux pouces ? »

Je dis : « Seize mille livres. »

Puis il me demanda : « Combien coûteraient cinq doigts ? »

Je répondis : « Quarante mille livres environ, Seigneur. »

Il poursuivit : « Combien coûteraient dix doigts ? »

Je répondis : « Qutre-vingt mille livres. »

Puis, le Seigneur me demanda : « Combien coûterait un bras ? »

Je répondis : « Beaucoup d'argent. »

« Et une jambe, un rein, un cœur, un cerveau ? »

« Je ne suis pas sûr de savoir. »

Pour finir, il me demanda : « Combien coûterait ton corps entier ? »

Je répondis : « Des millions ».

Le Seigneur me montra que, quelle que fût la quantité d'argent qu'il me fût possible de donner au Royaume, cela n'égalerait jamais le don de tout mon corps, mon esprit et mon âme à Son œuvre. Dans mon intelligence limitée, je pensais que donner beaucoup d'argent à Dieu était aussi bien que Lui donner mon être entier.

6. Vous avez été sauvé pour accomplir les bonnes œuvres

Nous prêchons souvent au sujet de l'argent et nous enseignons aux gens comment réussir. Néanmoins, nous avons été et nous sommes sauvés pour un but. La Bible dit que c'est par la grâce que nous sommes sauvés, par le moyen de la foi, et que cela ne vient pas de nous, mais c'est le don de Dieu (Éphésiens 2 : 8). Nous sommes son ouvrage, ayant été créés pour de bonnes œuvres, que Dieu a préparées d'avance afin que nous (les Chrétiens) les pratiquions (Éphésiens 2 : 10).

C'est la raison pour laquelle nous sommes toujours en vie. Nous avons de bonnes œuvres à pratiquer ! L'une d'elles consiste à implanter des églises. Nous devons aller prêcher dans les villages et les villes. Dieu cherche des personnes qui iront délivrer Son message. Dieu cherche des personnes pour implanter des églises. C'est pour ces bonnes œuvres que Dieu nous a donné une nouvelle vie en Lui, afin que nous vivions pour Lui et réalisions Ses objectifs. Vos œuvres sont très importantes pour Dieu. C'est la raison pour laquelle vous avez été sauvé. « Je connais tes œuvres ! »

7. Faire l'œuvre du Seigneur vous permet de surmonter vos problèmes personnels

Quand une personne prêche et enseigne, cela ne signifie pas qu'elle n'a pas de problèmes. Quand on prêche la Parole de Dieu, ces problèmes ont moins d'importance. Plutôt que de nous focaliser sur nos difficultés, nous devons lever les yeux vers le Maître de la moisson et regarder ce qui nous attend. Déployons-nous et atteignons ceux qui ne vont pas à l'église de nos jours.

Dieu n'a jamais utilisé des personnes parfaites n'ayant aucun problème. Noé avait un problème d'alcoolisme, mais Dieu l'utilisa. Abraham avait de graves problèmes conjugaux, mais Dieu l'utilisa. Rahab, la prostituée, avait des problèmes de moralité, mais Dieu l'utilisa. Le fait que Dieu vous utilise ne signifie pas que vous n'avez pas de problèmes !

Nous portons « ce trésor dans des vases de terre » (2 Corinthiens 4 : 7). La gloire et l'onction de Dieu ne se trouvent pas dans des vases célestes et angéliques, mais dans des vases de terre. J'ai toujours servi dans le ministère malgré mes problèmes personnels. Il m'est arrivé d'avoir des problèmes financiers, mais je faisais l'œuvre de Dieu. Il m'est arrivé d'avoir des problèmes conjugaux, mais je continuais à faire l'œuvre des Dieu. Il m'est arrivé d'être malade et de devoir subir des opérations chirurgicales, mais j'ai continué à faire l'œuvre de Dieu.

Quand les gens me regardent, ils pensent que je n'ai jamais eu de problèmes. Il se peut même que j'aie plus de problèmes que la moyenne des gens. Mais faire l'œuvre de Dieu fait que mes problèmes paraissent inexistants.

> **Nous portons CE TRÉSOR DANS DES VASES DE TERRE, afin que cette grande puissance soit attribuée à Dieu, et non pas à nous.**
>
> **2 Corinthiens 4 : 7**

Tout vase de terre que le Seigneur utilise est affligé par des problèmes personnels. Il sert dans le ministère malgré cela et non parce que sa vie est parfaite. La bonne nouvelle est que lorsque vous vous focalisez sur l'œuvre de Dieu, vos problèmes personnels diminuent et la grande puissance de Dieu se manifeste.

8. C'est à sa capacité à envoyer que l'on mesure la force d'une église

La force d'une église se mesure traditionnellement par le nombre de personnes qu'elle peut contenir. Plus elle a de places assises, plus elle est considérée comme grande. Pourtant, l'église est née pour envoyer. Votre église envoie-t-elle des personnes en mission ? Les pasteurs aiment à se vanter de ce qu'untel fréquente leur église. Ils citent des noms en disant : « Le Ministre du Soleil, de la Lune et des étoiles assiste à mon premier culte. Le Ministre adjoint à la corruption financière siège à ma Commission des finances. » Rarement les pasteurs parlent-ils des personnes qu'ils ont envoyées comme missionnaires. Voyez comment fonctionnaient les églises à l'époque du Nouveau Testament.

> **Il y avait dans l'Église d'Antioche des prophètes et des docteurs : Barnabas, Siméon appelé Niger, Lucius de Cyrène, Manahen, qui avait été élevé avec Hérode le tétrarque, et Saul.**
>
> **Pendant qu'ils servaient le Seigneur dans leur ministère et qu'ils jeûnaient, LE SAINT ESPRIT DIT : METTEZ-MOI A PART BARNABAS ET SAUL POUR L'OEUVRE A LAQUELLE JE LES AI APPELÉS.**
>
> **Barnabas et Saul, envoyés par le Saint-Esprit, descendirent à Séleucie, et de là ils s'embarquèrent pour l'île de Chypre.**
>
>

Actes 13 : 1,2,4

9. Faire l'œuvre du Seigneur vous permet de surmonter la vanité de la vie

> **Et j'ai haï la vie, car ce qui se fait sous le soleil m'a déplu, car tout est vanité et poursuite du vent. J'ai haï tout le travail que j'ai fait sous le soleil, et dont je dois laisser la jouissance à l'homme qui me succédera. Et qui sait s'il sera sage ou insensé ?**

Cependant il sera maître de tout mon travail, de tout le fruit de ma sagesse sous le soleil.

C'est encore là une vanité. Et j'en suis venu à livrer mon coeur au désespoir, à cause de tout le travail que j'ai fait sous le soleil.

Ecclésiaste 2 : 17-20

Salomon employa beaucoup le mot vanité. Il découvrit, après avoir tout acquis, que tout était vanité. Dieu lui donna des choses dont beaucoup d'êtres humains ne pouvaient que rêver. Le roi Salomon découvrit que chacune d'elles était sans valeur, vide. Il déclara : « vanité des vanités, tout est vanité. » Tout est vanité. Tout est vanité dans le contexte où Salomon l'a écrit, c'est-à-dire « sous le soleil ». L'expression « sous le soleil » revient souvent dans le livre de l'Ecclésiaste. Elle fait référence à notre existence sur terre, influencée par le soleil, laquelle ne vaut rien.

Notre existence terrestre ne vaut rien. C'est la réalité. Les pasteurs doivent enseigner et prêcher la vérité. Nous devons être amenés à penser au Ciel et au jour de notre jugement. Celui qui implante des églises agit sur la base de cette sagesse. Implanter des églises n'est pas une vanité, car nous recevrons une récompense éternelle pour cela.

10. Vos œuvres vous suivront au ciel

Quand vous mourez, vous n'emportez rien avec vous. J'ai eu à célébrer beaucoup de funérailles. J'ai eu à me tenir devant les cercueils de personnes que j'avais connues et aimées sur cette terre. J'ai eu à enterrer des personnes. J'ai vu cela se répéter à plusieurs reprises. Personne n'emporte rien de ce monde, ni les voitures ni les maisons ni l'argent.

> **Et j'entendis du ciel une voix qui disait : Écris : Heureux dès à présent les morts qui meurent dans le Seigneur ! Oui, dit l'Esprit, afin qu'ils se reposent de leurs travaux, CAR LEURS OEUVRES LES SUIVENT.**
>
> **Apocalypse 14 : 13**

Seules vos œuvres vous suivront lorsque vous quitterez ce monde. Vous devez vous impliquer dans l'œuvre de Dieu. Vous devez implanter une église au cours de votre vie. Vous devez vous impliquer dans votre église.

Dieu ne fait que vous donner l'opportunité de participer à Son œuvre. Il n'a pas besoin de vous. Il n'a pas besoin de moi. Il n'a même pas besoin de pasteurs. Si les pasteurs étaient si importants, ils ne mourraient pas. Personne n'est indispensable à Dieu. Sa miséricorde nous permet de participer à Son œuvre. Prendre part à l'œuvre, c'est une manière pour Dieu de nous accorder sa miséricorde !

11. En implantant des églises, vous éviterez de critiquer

Il vaut mieux être participant qu'observateur. Ceux qui ne font qu'observer finissent souvent par tout critiquer. Après un certain temps d'oisiveté, ils remarquent tous les défauts de leur église. Ils remarquent les erreurs du pasteur quand il prêche. Ils remarquent ses erreurs quand il cite des passages bibliques. Ils remarquent que l'onction n'est pas aussi forte que d'habitude. Très vite, ils connaissent tous les manquements de leur église. Ils finissent par tomber dans la critique et à trouver des fautes. Ils deviennent un repère de démons.

12. Implantez une église parce qu'il arrive un moment où Dieu attend de vous que vous enseigniez

Il arrive un moment où vous devez enseigner la Parole de Dieu. Vous devez enseigner les gens, vous devez donner quelque chose.

VOUS, EN EFFET, QUI DEPUIS LONGTEMPS DEVRIEZ ÊTRE DES MAÎTRES, vous avez encore besoin qu'on vous enseigne les premiers rudiments des oracles de Dieu, vous en êtes venus à avoir besoin de lait et non d'une nourriture solide.

Hébreux 5 : 12

Il arrive un moment où vous devez enseigner. Si vous ne devenez pas enseignant au moment où vous êtes censé le devenir, c'est que quelque chose ne va pas dans votre développement spirituel. Un jour, nous sommes allés prêcher. Il y avait parmi nous une jeune femme à qui je demandai de prêcher dans le cadre d'une sortie d'évangélisation à l'aube. Elle dit : « Je ne sais pas prêcher. Je n'ai jamais prêché et je ne connais pas suffisamment la Bible ». Je lui dis : « Tu peux prêcher ». Je lui dis de répéter tout ce que je lui avais dit. Très vite, elle se mit à prêcher. Elle prêcha tout un sermon ce matin-là. Elle sert encore l'Eternel aujourd'hui. Vous serez surpris de ce que vous pouvez faire si seulement vous essayez.

Du reste, mon fils, tire instruction de ces choses ; on ne finirait pas, si l'on voulait faire un grand nombre de livres.

Chapitre 3

Les œuvres de ceux qui implantent des églises

Ayez en vous les sentiments...

Philippiens 2 : 5

Car c'est par la grâce que vous êtes sauvés, par le moyen de la foi. Et cela ne vient pas de vous, c'est le don de Dieu. CE N'EST POINT PAR LES OEUVRES, afin que personne ne se glorifie.

Car nous sommes son ouvrage, ayant été créés en Jésus Christ POUR DE BONNES OEUVRES, que Dieu a préparées d'avance, afin que nous les pratiquions.

Ephésiens 2 : 8-10

La Bible dit clairement que ce n'est point par les œuvres que nous sommes sauvés. Nous n'allons pas au Ciel à cause de nos bonnes œuvres. Nous n'échappons pas non plus à l'Enfer à cause de nos bonnes œuvres. C'est par la grâce que nous sommes sauvés. Notre salut vient de l'Éternel. Vous ne pouvez rien faire pour gagner le salut. Vous ne serez jamais assez bon pour mériter d'aller au Ciel ! Le meilleur de nous ne suffit pas. Les œuvres ne peuvent nous faire aller au Ciel et ne nous feront pas aller au Ciel.

Selon qu'il est écrit : Il n'y a point de juste, Pas même un seul ;

Romains 3 : 10

Nous sommes tous comme des impurs, Et toute notre justice est comme un vêtement souillé ; Nous sommes tous flétris comme une feuille, et nos crimes nous emportent comme le vent.

Ésaïe 64 : 6

Notez cependant que le passage d'Éphésiens qui dit que « ce n'est point par les œuvres » que nous sommes sauvés, nous dit également que nous avons été « créés pour de bonnes œuvres ». Cela signifie qu'après que nous ayons été sauvés, nous commençons les bonnes œuvres que Christ a préparées pour nous. Beaucoup de chrétiens se laissent aller parce qu'ils savent que c'est par la grâce et non par les œuvres qu'ils sont sauvés. Ils ont le sentiment d'être prédestinés à aller au Ciel. Il ne reste plus qu'à se détendre et profiter du voyage jusqu'au Ciel. Merci Seigneur pour ce voyage. Mais à l'arrivée, des questions seront posées !

« As-tu fait ce que je t'ai demandé de faire ? As-tu fait les bonnes œuvres que je t'ai demandé de faire ? » demandera Jésus.

Les deux jugements

Dieu ne nous jugera pas de la manière dont Il jugera le reste du monde. Il a préparé un jugement supplémentaire pour les croyants. La Bible parle de deux trônes de jugement différents. Le Trône blanc servira à juger le monde. Les Chrétiens seront jugés au Tribunal de Christ. Le Trône blanc est la cour suprême du Ciel. C'est là que sera prise la décision de vous faire entrer au Ciel ou pas. Mais un autre tribunal attend les croyants.

1. Le Trône blanc

> **Puis je vis UN GRAND TRÔNE BLANC, et celui qui était assis dessus. La terre et le ciel s'enfuirent devant sa face, et il ne fut plus trouvé de place pour eux.**
>
> **Et je vis les morts, les grands et les petits, qui se tenaient devant le trône. DES LIVRES FURENT OUVERTS. ET UN AUTRE LIVRE FUT OUVERT, CELUI QUI EST LE LIVRE DE VIE. Et les morts furent jugés selon leurs oeuvres, d'après ce qui était écrit dans ces livres.**
>
> **La mer rendit les morts qui étaient en elle, la mort et le séjour des morts rendirent les morts qui étaient en eux ; et chacun fut jugé selon ses oeuvres.**
>
> **Apocalypse 20 : 11-13**

Le livre de vie et le livre des oeuvres

Il faut absolument que votre nom soit écrit dans l'incontournable livre de vie. Cela déterminera si vous irez au Ciel ou pas.

Mais les Écritures montrent qu'il y a également des livres dans lesquels sont enregistrées toutes nos œuvres. Il s'agit du livre des œuvres ! Ce livre sera ouvert. Nos œuvres y sont inscrites. On y trouvera le nombre d'églises qui ont été implantées. Les morts seront jugés sur la base de ces livres, selon leurs œuvres.

2. Le Tribunal de Christ

> **C'est pour cela aussi que nous nous efforçons de lui être agréables, soit que nous demeurions dans ce corps, soit que nous le quittions.**
>
> **Car il nous faut tous comparaître devant le TRIBUNAL DE CHRIST, afin que chacun reçoive selon le bien ou le mal qu'il aura fait, étant dans son corps.**
>
> **2 Corinthiens 5 : 9-10**

Des montagnes de bêtise

Les croyants seront jugés pour ce qu'ils font durant leur vie sur Terre. Nous devons faire les œuvres de Jésus. Les choses que nous chérissons perdront leur valeur au moment de notre mort. Tout ce qui aura été amassé et accumulé ne sera plus qu'une montagne de bêtise.

Les richesses, les maisons, les diplômes, les vêtements et les chaussures que nous aurons accumulés témoigneront de notre incrédulité, du fait que nous n'avons jamais cru à la résurrection, que nous n'avons jamais cru que nous ressusciterions et revivrions dans l'éternité. Les biens périssables que nous aurons accumulés témoigneront contre nous ce jour-là. Ils parleront au Ciel et diront : « il était incrédule. Il n'a pas obéi. Il n'a pas cru. Son cœur était attaché aux trésors de ce monde ! »

Des corbeilles de fruits

Un jour vous vous retrouverez au Ciel. Qu'aurez-vous dans les mains ce jour-là ? Des corbeilles de fruits pour la gloire de Dieu ou des montagnes de bêtise qui témoigneront contre vous ? Cher ami, une seule chose vous suivra au Ciel - vos bonnes œuvres.

Et j'entendis du ciel une voix qui disait : Écris : Heureux dès à présent les morts qui meurent dans le Seigneur ! Oui, dit l'Esprit, afin qu'ils se reposent de leurs travaux, car LEURS OEUVRES LES SUIVENT.

Apocalypse 14 : 13

Il y a plusieurs années, en 1982, j'étais à l'école de médecine. Je me souviens de mon premier cours d'Anatomie. Il y avait tellement de notes à prendre. On en prit beaucoup ce jour-là. Alors que le professeur continuait son cours, je commençai à me demander si j'étais censé tout écrire. Je me demandai : « Toutes ces choses sont elles importantes ? »

Le professeur continua son cours très exhaustif et détaillé d'introduction à l'Anatomie. Il nous enseigna différents termes tels que « pronation, supination, rotation externe, rotation interne », etc. Ce jour-là, mes notes remplirent presque mon cahier.

Pendant le cours, je demandai à une amie : « Caroline, tu crois qu'on est au bon endroit ? »

Elle répondit : « Non ». Elle me répondit qu'elle avait l'intention d'abandonner, et je lui répondis que moi aussi. Il nous était impossible d'imaginer sept années d'une telle torture. J'avais l'impression que sept ans, c'était une éternité. Nous ne pouvions pas attendre sept ans : c'était trop long ! Mais petit à petit, les années passèrent et on termina l'école. Je pensais que sept années ne passeraient jamais, mais elles s'étaient écoulées. Cela fait maintenant vingt-deux ans que j'ai quitté l'école de médecine. Cela fait vingt-deux ans que j'ai posé cette question.

Ce que j'essaie de démontrer, c'est que l'éternité, qui semble si loin, sera bientôt là. Je pensais que sept années ne passeraient jamais. Certains d'entre nous pensons que l'éternité n'arrivera jamais. Nous ne croyons pas à la résurrection des morts. Nous ne croyons pas à la phase deux de notre vie. Notre temps sur terre est court et très bientôt, nous serons tous au Ciel. Nous nous demanderons pourquoi nous pensions vivre sur Terre éternellement !

Du reste, mon fils, tire instruction de ces choses ; on ne finirait pas, si l'on voulait faire un grand nombre de livres.

Chapitre 4

L'implantation d'églises et l'église de Jérusalem

Il y avait à l'époque du Nouveau Testament deux églises qui méritent notre attention : l'Église de Jérusalem et l'Église d'Antioche.

Dix choses que tout le monde devrait savoir à propos de l'église de Jérusalem

1. L'Église de Jérusalem fut la toute première église.

2. Les personnes importantes étaient basées à l'Église de Jérusalem. Même les apôtres y étaient basés.

3. Elle reçut les instructions de première main de Jésus d'aller dans le monde entier.

4. C'était une église très prospère et florissante.

   Car IL N'Y AVAIT PARMI EUX AUCUN INDIGENT : tous ceux qui possédaient des champs ou des maisons les vendaient, apportaient le prix de ce qu'ils avaient vendu, et le déposaient aux pieds des apôtres; et l'on faisait des distributions à chacun selon qu'il en avait besoin.

   Actes 4 : 34-35

5. L'église connaissait une forte croissance.

   Ceux qui acceptèrent sa parole furent baptisés ; et, en ce jour-là, le nombre des disciples S'AUGMENTA D'ENVIRON TROIS MILLE ÂMES.

   Actes 2 : 41

6. C'était une église très unie.

   Tous ceux qui croyaient ÉTAIENT DANS LE MÊME LIEU, et ils avaient tout en commun ;
   Actes 2 : 44

7. Dieu lui permettait de surmonter tout problème ou difficulté. Par exemple, Pierre et Jean échappèrent à la surveillance du souverain sacrificateur et des anciens. Ils s'échappèrent miraculeusement de prison grâce à l'intervention d'un ange.

   Cependant le souverain sacrificateur et tous ceux qui étaient avec lui...mirent les mains sur les apôtres, et les jetèrent dans la prison publique. Mais un ange du Seigneur, ayant ouvert pendant la nuit les portes de la prison, les fit sortir...
   Actes 5 : 17-19

8. La puissance de Dieu se manifestait fortement à l'église. Dans le livre des Actes, ceux qui mentaient aux pasteurs mouraient instantanément.

   Pierre lui dit : Ananias, pourquoi Satan a-t-il rempli ton coeur, au point que tu mentes au Saint Esprit,... Ananias, entendant ces paroles, TOMBA, ET EXPIRA. Une grande crainte saisit tous les auditeurs.
   Actes 5 : 3,5

9. Contrairement à beaucoup d'églises actuelles, elle subvenait aux besoins des pauvres.

   ...et le déposaient aux pieds des apôtres; et l'on faisait des distributions à CHACUN SELON QU'IL EN AVAIT BESOIN.
   Actes 4 : 35

10. Mais c'est uniquement lorsqu'une catastrophe se produisit qu'elle obéit à l'instruction d'implanter des églises.

    ...Il y eut, ce jour-là, une GRANDE PERSÉCUTION contre l'Église de Jérusalem ; et tous, excepté les

apôtres, SE DISPERSÈRENT dans les contrées de la Judée et de la Samarie.

Actes 8 : 1

Ses nombreux points positifs dissimulaient peut-être le fait qu'il s'agissait d'une église désobéissante. Lorsqu'un des jeunes pasteurs les plus prometteurs, probablement pressenti comme le successeur de Pierre, mourut soudainement, elle sortit de sa torpeur.

Quel choc cela dut être pour l'Église de Jérusalem ! Tout allait parfaitement bien jusqu'à ce que cela se produise. Jusqu'ici, tout problème avait concouru à son bien. D'une manière ou d'une autre, tout défi avait été relevé par la puissance de Dieu, jusqu'à celui-ci. Soudain, un de ses pasteurs était mort.

Et ils lapidaient Étienne, qui priait...

Actes 7 : 59

Ce fut un tournant de la vie de l'église de Jérusalem. Alors que l'église vacillait sous ce coup, le monde séculier augmentait ses persécutions.

Il y eut, ce jour-là, UNE GRANDE PERSÉCUTION contre l'Église de Jérusalem...

Actes 8 : 1

C'est à cause de cette persécution que l'église finit par obéir à Dieu. Il est facile de se laisser leurrer par la paix et une réussite apparente. Après tout, la Bible dit : « Quand les hommes diront : Paix et sûreté ! alors une ruine soudaine les surprendra ». (1 Thesaloniciens 5 : 3).

Nous ne devons pas être conduits par les circonstances ou une prospérité apparente. Ces choses ne sont pas des indicateurs de la bénédiction de Dieu. Si la paix et la prospérité étaient le signe que l'on est béni par Dieu, alors l'apôtre Paul était le plus grand des pécheurs, car il connut beaucoup de souffrances.

Notez la quantité de problèmes qu'il rencontra dans le cadre de son ministère :

Sont-ils ministres de Christ ? Je parle en homme qui extravague. Je le suis plus encore : par les travaux, bien plus ; par les coups, bien plus ; par les emprisonnements, bien plus.

Souvent en danger de mort, cinq fois j'ai reçu des Juifs quarante coups moins un, trois fois j'ai été battu de verges, une fois j'ai été lapidé, trois fois j'ai fait naufrage, j'ai passé un jour et une nuit dans l'abîme.

Fréquemment en voyage, j'ai été en péril sur les fleuves, en péril de la part des brigands, en péril de la part de ceux de ma nation, en péril de la part des païens, en péril dans les villes, en péril dans les déserts, en péril sur la mer, en péril parmi les faux frères. J'ai été dans le travail et dans la peine, exposé à de nombreuses veilles, à la faim et à la soif, à des jeûnes multipliés, au froid et à la nudité.

2 Corinthiens 11 : 23-27

Notez quelle était la philosophie de vie de Paul. C'est seulement par les tribulations que nous entrerons dans le Royaume de Dieu.

C'EST PAR BEAUCOUP DE TRIBULATIONS QU'IL NOUS FAUT ENTRER DANS LE ROYAUME DE DIEU.

Actes 14 : 22

Trois enterrements

Il y a des années, je vécus une terrible expérience dans mon ministère. En l'espace d'une année, trois de mes pasteurs moururent mystérieusement. Le premier décéda le vendredi 27 octobre 2000 au soir. Je reçus un appel de son épouse qui m'annonça que son mari était malade et hospitalisé dans une clinique. Une heure plus tard, un de mes pasteurs médecins m'appela sur mon téléphone portable.

Elle dit : « Évêque, Pasteur Charles est mort. »
Je lui dis : « Te rends-tu compte de ce que tu avances ? »

Je me souviens exactement de l'endroit où je me trouvais lorsque je reçus ce coup de fil. Je n'en croyais pas mes oreilles. Il allait parfaitement bien. Il avait même déjeuné chez moi la veille.

Je me rendis directement à la clinique et j'y trouvai sa femme assise à l'extérieur, en larmes. Ils n'étaient mariés que depuis sept mois. Elle était effrayée et ne savait même pas ce qui s'était passé. En entrant dans la pièce, je vis pour la première fois, un de mes fils dans le ministère, un jeune homme prometteur de 27 ans seulement, étendu sur un lit, sans vie.

Ce fut une des nuits les plus pitoyables et tristes de ma vie. En regardant sa femme en pleurs devant son corps sans vie, je me demandai ce que nous avions fait pour mériter cela. À ses funérailles, on s'encouragea les uns les autres dans le Seigneur, et on essaya de rassurer son épouse. J'ignorais que cette même année, j'allais de nouveau enterrer des pasteurs et consoler leurs veuves.

Deux semaines plus tard, je reçus un autre appel m'annonçant qu'un de mes pasteurs était très malade. Il était soigné dans un hôpital privé au début, mais on le fit transférer à l'unité de soins intensifs d'un hôpital plus grand. Je me souviens m'être battu pour sa vie et avoir couru d'un endroit à l'autre, essayant d'obtenir que différents médecins s'occupent de lui.

Je courais de gauche à droite avec des échantillons de sang pour sauver sa vie. Tout cela ne servit à rien. Quelques jours plus tard, il perdit connaissance et je reçus finalement un coup de fil de l'hôpital : un autre pasteur Charles était mort. Mon cœur se serra et je sombrai dans la dépression. En rentrant chez moi, j'avais perdu toutes mes forces. Un autre jeune pasteur prometteur était mort, laissant derrière lui une veuve et des enfants en bas âge.

Je pensais que c'était fini, mais quelques mois plus tard, alors que j'étais en Afrique du Sud dans le cadre du ministère, je reçus un coup de fil. Je venais juste d'entrer dans ma chambre d'hôtel à Pretoria lorsque mon adjoint principal m'appela du Ghana et me dit : « Pasteur Fleischer est mort. »

Je bégayai : « Quoi...comment...Quand ? »

À ce moment-là, je réalisai que quelque chose n'allait pas.

Voyez-vous, dans un sens, nous étions comme l'Église de Jérusalem. Notre église ressemblait à plus d'un titre à celle de Jérusalem. Nous étions bénis, nous croissions, nous prospérions, nous étions puissants et comme dirait quelqu'un : « les choses marchaient bien pour nous ». C'est cet événement qui finit par attirer mon attention sur le plan de Dieu pour ma vie concernant l'implantation d'églises.

Comprenez-moi bien. Dieu m'avait déjà utilisé pour établir plus de deux cents églises. Nous implantions des églises, mais je m'endormais sur mes lauriers à cause de ce que nous avions déjà accompli. J'avais peur de m'avancer sur de nouveaux territoires. Je n'avais pas très envie d'envoyer des gens où que ce soit. J'avais changé, j'avais rétrogradé et je ne le savais même pas.

J'étais un général apeuré, effrayé de dire à quiconque : « va » et qu'il aille. Je ne pouvais pas supporter d'envoyer ces pasteurs et ouvriers prospères dans des régions qui avaient désespérément besoin d'églises. Mes considérations étaient maintenant différentes. La « Prospérité de Jérusalem » m'était monté à la tête et au cœur. Je pensais à la vie que les gens mèneraient dans certains de ces villes et villages. Dans quelles écoles iraient leurs enfants ? Ces jeunes hommes auraient-ils jamais suffisamment d'argent pour construire des maisons ou acheter des voitures ?

Le Seigneur me demanda si telles étaient mes considérations lorsque j'étais entré dans le ministère. Le Seigneur me demanda si notre église serait là où elle était aujourd'hui si nous avions été guidés par des considérations telles que le bien-être et le confort personnels. Je savais au fond de moi que j'avais rétrogradé.

Beaucoup de personnes pensent qu'il est difficile d'être envoyé. Mais il est encore plus difficile d'être celui qui envoie les gens à ce qui pourrait être la pauvreté ou la mort. Mais je suis déterminé à aller jusqu'au bout et à ne plus me retenir en ce qui concerne l'implantation d'églises.

J'entends la voix de l'Esprit qui dit : « envoie, envoie, envoie. » Un jour, le Seigneur me reprit. Il me dit que je formais beaucoup de personnes, mais que je ne les envoyais pas. Il me montra qu'un équilibre entre formation et envois sur le terrain était nécessaire.

L'Église de Jérusalem devint finalement un ministère qui implantait des églises, mais avec beaucoup de difficultés.

Saul avait approuvé le meurtre d'Étienne.

Il y eut, ce jour là, UNE GRANDE PERSÉCUTION contre l'Église de Jérusalem ; et tous, excepté les apôtres, se dispersèrent dans les contrées de la Judée et de la Samarie. Ceux QUI

AVAIENT ÉTÉ DISPERSÉS allaient de lieu en lieu, annonçant la bonne nouvelle de la parole.

Actes 8 : 1,4

Du reste, mon fils, tire instruction de ces choses ; on ne finirait pas, si l'on voulait faire un grand nombre de livres.

Chapitre 5

L'implantation d'églises et l'église d'Antioche

Il y avait dans L'ÉGLISE D'ANTIOCHE des prophètes et des docteurs : Barnabas, Siméon appelé Niger, Lucius de Cyrène, Manahen, qui avait été élevé avec Hérode le tétrarque, et Saul.

Pendant qu'ils servaient le Seigneur dans leur ministère et qu'ils jeûnaient, le Saint Esprit dit : Mettez moi à part Barnabas et Saul pour l'oeuvre à laquelle je les ai appelés.

Alors, après avoir jeûné et prié, ils leur imposèrent les mains, et les laissèrent partir.

Barnabas et Saul, envoyés par le Saint Esprit, descendirent à Séleucie, et de là ils s'embarquèrent pour l'île de Chypre.

Actes 13 : 1-4

Sept choses que vous devez savoir sur l'église d'antioche

1. L'Église d'Antioche devint l'Église la plus importante de l'époque du Nouveau Testament.

Certains disciples de Chypre et de Cyrène allèrent à Antioche et y démarrèrent une église. À l'origine, Antioche n'était qu'un rejeton du ministère de Jérusalem.

Ceux qui avaient été dispersés par la persécution survenue à l'occasion d'Étienne allèrent jusqu'en Phénicie, dans l'île de Chypre, et à Antioche, annonçant la parole seulement aux Juifs.

Actes 11 : 19

2. C'est à l'Église d'Antioche que des croyants furent appelés « chrétiens » pour la première fois.

   Et, l'ayant trouvé, il l'amena à Antioche. Pendant toute une année, ils se réunirent aux assemblées de l'Église, et ils enseignèrent beaucoup de personnes. Ce fut à Antioche que, POUR LA PREMIÈRE FOIS, LES DISCIPLES FURENT APPELÉS CHRÉTIENS.
   Actes 11 : 26

3. Le premier Réveil enregistré eut lieu à Antioche. Suite à ce Réveil, Barnabas fut envoyé à la rescousse. L'Église de Jérusalem entendit parler de ce que Dieu faisait à Antioche et fut heureuse de libérer Barnabas pour l'œuvre d'Antioche.

   Le bruit en parvint aux oreilles des membres de l'Église de Jérusalem, et ils envoyèrent Barnabas jusqu'à Antioche.
   Actes 11 : 22

4. Barnabas décida de convaincre Paul de se joindre à lui.

5. L'apôtre Paul fit de l'Église d'Antioche son église. Il se sentait probablement plus chez lui à « Antioche Chapel International » qu'au « Centre chrétien de Jérusalem ».

6. Il y avait à Antioche beaucoup de prophètes et de personnes s'intéressant à l'œuvre missionnaire. L'Église de Jérusalem n'était pas très enthousiasmée par l'évangélisation et l'œuvre missionnaire.

   Il y avait dans l'Église d'Antioche des prophètes et des docteurs : Barnabas, Siméon appelé Niger, Lucius de Cyrène, Manahen, qui avait été élevé avec Hérode le tétrarque, et Saul.
   Actes 13 : 1

7. L'Église d'Antioche obéit à la voix du Saint-Esprit sans délai. Elle envoya courageusement ses meilleurs disciples comme missionnaires pour implanter des Églises.

> **Pendant qu'ils servaient le Seigneur dans leur ministère et qu'ils jeûnaient, LE SAINT ESPRIT DIT : METTEZ-MOI A PART BARNABAS ET SAUL pour l'oeuvre à laquelle je les ai appelés.**
>
> Actes 13 : 2

Paul et Barnabas ne virent pas beaucoup de puissance lorsqu'ils étaient à Antioche. C'est lorsqu'ils partirent qu'ils virent des signes et des miracles. Les miracles dont nous parle le livre des Actes se produisirent lorsque Paul et Barnabas allèrent implanter des églises.

La grande différence entre l'Église d'Antioche et l'Église de Jérusalem résidait dans sa réaction à l'ordre de Jésus. L'Église d'Antioche entendit exactement le même ordre d'implanter des églises que l'Église de Jérusalem. Suivons l'exemple de l'Église d'Antioche. Obéissons promptement à l'instruction d'implanter des églises. Inutile d'attendre les persécutions et les problèmes pour commencer à implanter des églises.

Du reste, mon fils, tire instruction de ces choses ; on ne finirait pas, si l'on voulait faire un grand nombre de livres.

Chapitre 6

La prédication, l'enseignement et l'implantation d'églises

Prêcher, enseigner et guérir sont les activités-clés qui suscitent la formation d'églises. Jésus-Christ avait compris que ce sont ces méthodes peu comprises que son Père avait choisies pour établir l'Église.

À travers le ministère de Jésus, des millions d'églises ont poussé presque partout dans le monde. C'est vraiment l'œuvre de Dieu, et c'est la méthode choisie par Dieu pour établir Son Église.

> **Jésus parcourait toutes les villes et les villages, enseignant dans les synagogues, prêchant la bonne nouvelle du royaume, et guérissant toute maladie et toute infirmité.**
>
> **Matthieu 9 : 35**

Utiliser beaucoup d'argent, des techniques d'administration, distribuer des cadeaux, construire des écoles et des hôpitaux, n'a jamais produit les mêmes résultats que les trois années et demie de ministère de Jésus.

Dans les quelques chapitres qui vont suivre, je vais passer en revue les mystères de la prédication, l'enseignement et la guérison ; la stratégie que Jésus-Christ Lui-même employa pour créer des centaines de milliers d'églises dans différentes nations, cultures et langues.

En effet, une église durable est née. Deux mille ans n'ont pas réussi à diminuer la puissance de trois années de prédication, d'enseignement et de guérison. En lisant les prochains chapitres sur la prédication, l'enseignement, il est de votre devoir de laisser Dieu édifier votre foi. Vous devez croire en cette méthode humble et « insensée » de formation d'églises. Le summum du leurre, c'est de croire que nous pouvons faire mieux que Christ. Il a dit : « Il suffit au serviteur d'être traité comme son maître. »

Il suffit au disciple d'être traité comme son maître, et au serviteur comme son seigneur.

Matthieu 10 : 25

Je me suis souvent demandé ce que ferait Dieu s'il devenait homme. Il y a beaucoup de problèmes dans le monde mais pas suffisamment de solutions. D'une manière générale, nous savons que Dieu ferait de bonnes choses et résoudrait les problèmes des gens. Voici quelques idées sur ce que Dieu pourrait faire s'Il apparaissait sur cette terre pendant une courte période.

Neuf suggestions pour Dieu

1. Dieu construirait peut-être plusieurs grandes universités.
2. Dieu construirait peut-être le plus grand hôpital au monde afin d'y accueillir un grand nombre de malades.
3. Dieu fournirait peut-être de l'eau potable à des milliers de villages.
4. Dieu construirait peut-être le plus grand barrage hydroélectrique afin de produire de l'électricité.
5. Dieu construirait peut-être des centres d'hébergement pour les réfugiés et les enfants déplacés du monde.
6. Si Dieu devenait homme, Il construirait peut-être un grand nombre d'orphelinats.
7. Si Dieu devenait homme, Il créerait probablement de grosses entreprises de manière à pouvoir financer l'œuvre de Dieu.
8. Si Dieu devenait homme, Il construirait des écoles pouvant accueillir tous les enfants en âge d'être scolarisés. Cela réduirait le taux d'analphabétisme dans le monde et améliorerait considérablement le sort d'un grand nombre de personnes.
9. Si Dieu devenait homme, Il adhérerait à certains partis politiques pour avoir de l'influence et venir en aide au monde. Peut-être qu'il y arriverait mieux en devenant président.

Et Dieu devint homme. Dieu prit la forme d'un homme pendant une courte période.

> **Ayez en vous les sentiments qui étaient en Jésus Christ, lequel, existant en forme de Dieu, n'a point regardé comme une proie à arracher d'être égal avec Dieu, mais s'est dépouillé lui-même, en prenant une forme de serviteur, EN DEVENANT SEMBLABLE AUX HOMMES ; ET AYANT PARU COMME UN SIMPLE HOMME, il s'est humilié lui-même, se rendant obéissant jusqu'à la mort, même jusqu'à la mort de la croix.**
>
> **C'est pourquoi aussi Dieu l'a souverainement élevé, et lui a donné le nom qui est au-dessus de tout nom, afin qu'au nom de Jésus tout genou fléchisse dans les cieux, sur la terre et sous la terre, et que toute langue confesse que Jésus-Christ est Seigneur, à la gloire de Dieu le Père.**
>
> Philippiens 2 : 5-11

Comment savons-nous que Dieu devint homme ? Quelle preuve avons-nous que Dieu devint effectivement homme ? Nous le savons pour les raisons suivantes :

1. Si Dieu devait devenir homme, Son entrée dans ce monde serait inhabituelle. Et de fait, c'est une vierge qui donna naissance à Jésus, au milieu de beaucoup de circonstances inhabituelles.

> **Voici, la VIERGE SERA ENCEINTE, elle enfantera un fils, et on lui donnera le nom d'Emmanuel, ce qui signifie Dieu avec nous.**
>
> Matthieu 1 : 23

Plus de 109 prophéties se sont accomplies par la venue de Jésus dans le monde.

2. Si Dieu devait devenir homme, il dirait probablement les plus grandes choses jamais entendues. Ses paroles ne seraient probablement jamais oubliées. C'est exactement ce qui

s'est produit. Jésus n'a jamais écrit de livre ni enregistré de message audio, mais Ses paroles résonnent toujours à travers les siècles.

Car il enseignait comme ayant autorité, et non pas comme leurs scribes.

Matthieu 7 : 29

3. Si Dieu devenait homme, Il serait sans péché et parfait. Et Jésus fut effectivement un homme parfait. Il ne commit point de péché.

Lui qui N'A POINT COMMIS DE PÉCHÉ, Et dans la bouche duquel il ne s'est point trouvé de fraude ;

1 Pierre 2 : 22

4. Si Dieu devenait effectivement homme, Il résoudrait les problèmes qui minent l'humanité depuis des siècles. Il vaincrait la maladie et les infirmités. C'est exactement ce que fit Jésus. Toutes sortes de maladies et d'infirmités furent bannies de la présence du Seigneur.

Le soir, on amena auprès de Jésus plusieurs démoniaques. Il chassa les esprits par sa parole, et IL GUÉRIT TOUS LES MALADES,

Matthieu 8 : 16

5. Si Dieu devenait homme, Il maîtriserait les éléments qu'Il a créés. C'est ce que fit Jésus. Il employa sa puissance contre le vent et la pluie. Il marcha même sur la mer qu'Il avait créée.

Quand les disciples le virent MARCHER SUR LA MER, ils furent troublés, et dirent : C'est un fantôme ! Et, dans leur frayeur, ils poussèrent des cris.

Matthieu 14 : 26

6. Si Dieu devenait homme pendant une courte période, on se souviendrait toujours de Sa visite sur Terre, aussi courte fût-elle. On dirait que Dieu nous a rendu visite. Et bien sûr, on se souvient encore de la visite de Christ. En fait, l'entrée et la sortie de Christ sont célébrées chaque année dans le monde

entier. Deux mille ans après la visite de Christ, Pâques et Noël demeurent des événements mondiaux.

7. Si Dieu devenait homme, Il vaincrait le plus grand ennemi de l'homme : la mort. Le Seigneur Jésus a calmement prédit qu'Il mourrait et ressusciterait au troisième jour. Il semblait ne pas avoir peur de la mort. Il vainquit la mort, le tombeau et l'Enfer pour nous éviter d' y aller.

Et qui a été manifestée maintenant par l'apparition de notre Sauveur JÉSUS CHRIST, QUI A DÉTRUIT LA MORT et a mis en évidence la vie et l'immortalité par l'Évangile.

2 Timothée 1 : 10

8. Si Dieu devenait homme, nous savons qu'il passerait Son temps à faire le maximum de bien pour toute l'humanité.

vous savez comment Dieu a oint du Saint Esprit et de force JÉSUS DE NAZARETH, QUI ALLAIT DE LIEU EN LIEU FAISANT DU BIEN et guérissant tous ceux qui étaient sous l'empire du diable, car Dieu était avec lui.

Actes 10 : 38

Le maximum de bien

Cher ami, réfléchissons aux activités que Christ mena pendant son court séjour sur Terre. A-t-il construit des écoles et des hôpitaux ? A-t-il construit des orphelinats et fourni l'électricité et l'eau ? La réponse est NON ! Les quatre évangiles nous informent sur ce que fit Jésus.

Un passage en particulier résume les activités que mena Christ sur Terre. J'aimerais que vous le lisiez attentivement.

Jésus parcourait toutes les villes et les villages, ENSEIGNANT dans les synagogues, PRÊCHANT la bonne nouvelle du royaume, et GUÉRISSANT toute maladie et toute infirmité.

Matthieu 9 : 35

Ce passage nous montre que les principales activités que Dieu mena pendant son séjour sur Terre furent la prédication, l'enseignement et la guérison. Elles doivent avoir été les plus bénéfiques pour la race humaine. C'est pourquoi il les mena. Les prédications, les enseignements et les guérisons de Jésus-Christ ont fait plus de bien à ce monde. S'il y avait eu quelque chose de meilleur ou de plus utile, il l'aurait fait. Ces prédications, enseignements et guérisons ont donné naissance à des milliers d'églises.

ON PEUT ASSURÉMENT EN CONCLURE QUE LA PLUS IMPORTANTE ET LA PLUS HAUTE FORME D'AIDE APPORTÉE À UNE COMMUNAUTÉ DANS CE MONDE DOIT ÊTRE LA PRÉDICATION, L'ENSEIGNEMENT ET LA GUÉRISON. Bien entendu, je ne pense pas que quiconque oserait prétendre être plus sage ou bon que Dieu !

Je suis souvent étonné lorsque les gens me demandent pourquoi j'ai abandonné la médecine pour le ministère. Je suppose qu'ils pensent que prescrire des médicaments est la plus haute forme d'aide qu'un être humain puisse apporter à une communauté.

Je conviens que l'exercice de la médecine est une activité très noble et charitable. Que ferions-nous sans les médecins ? Mais Jésus nous a montré quelle était la plus grande et la meilleure aide que l'on puisse apporter à l'humanité.

Il est dommage que dans le ministère, on fait souvent pression sur les pasteurs pour qu'ils abandonnent leur rôle, celui de prêcher, d'enseigner et de guérir. Une pression psychologique subtile est exercée sur eux jusqu'à ce qu'ils aient le sentiment que faire quelque chose de plus séculier serait plus bénéfique. Le plus grand leurre serait de se croire plus sage que Dieu. Le summum de l'illusion serait de penser que vous pouvez avoir un plus grand impact que Christ.

Il est temps de comprendre que c'est de prédication, d'enseignement et de guérison dont le monde a besoin. Le monde attend des prédicateurs. Le monde attend des enseignants. Dieu est en train de former une armée de prédicateurs et d'enseignants qui feront Sa volonté. Par la prédication, l'enseignement et la guérison, le Seigneur Jésus a donné naissance à des milliers d'églises, qui existent depuis des milliers d'années.

L'Église a fait plus de bien à ce monde que l'ONU, l'OMS et le HCR réunis. Sans aucun doute, l'Église a fait plus de bien à ce monde que la plupart des gouvernements. Tout cela est le résultat des prédications, des enseignements et des guérisons de Jésus pendant trois années et demie.

Je m'inscris totalement en faux contre l'idée selon laquelle une église ne devient pertinente que lorsqu'elle s'implique dans des œuvres sociales. L'Église devient pertinente lorsqu'elle s'implique dans la prédication, l'enseignement et la guérison. C'est ce qu'aurait fait Dieu, et c'est ce que nous devrions faire. La sagesse de Dieu est folie pour les hommes. Dieu a voulu que l'homme soit sauvé par la folie de la prédication.

Car puisque le monde, avec sa sagesse, n'a point connu Dieu dans la sagesse de Dieu, il a plu à Dieu de SAUVER LES CROYANTS PAR LA FOLIE DE LA PRÉDICATION.

1 Corinthiens 1 : 21

Les gens me disaient souvent combien je serais utile à la communauté en tant que médecin. Mais moi, je vous dis que je suis d'une plus grande utilité maintenant que je suis prédicateur. Je suis persuadé que la plus grande vocation que puisse avoir un homme, c'est celle de prêcher. Le meilleur moyen d'aider l'humanité, c'est de prêcher, d'enseigner et de prier pour la guérison. C'est pourquoi vous devez prier pour recevoir le pouvoir de prêcher, la grâce d'enseigner et la grâce de guérir les malades. Lorsque Dieu devint homme, Il se consacra à la prédication.

Du reste, mon fils, tire instruction de ces choses ; on ne finirait pas, si l'on voulait faire un grand nombre de livres.

Chapitre 7

Pourquoi la prédication est puissante

1. La prédication attaque le probleme de l'homme à la racine

Le péché est la source de tous nos maux

Le monde est rempli de pécheurs sur le chemin de l'Enfer. Quel que soit votre degré de bonté, Dieu voit vos péchés. Quiconque se croit juste devant Dieu se trompe lourdement. La seule chose qui nous donne le droit de nous tenir devant Dieu, c'est le sang de Jésus. Malheureusement, certains enseignements donnés dans le corps du Christ nous ont conduit à croire que nous sommes des êtres à moitié parfaits ayant le droit d'aller au Ciel.

Je vais vous citer quelques exemples de personnes que je sais que vous respectez. Vous vous apercevrez que plus elles connaissaient le Seigneur, plus elles étaient humbles et même incertaines de leur statut devant Dieu.

L'apotre Paul

L'opinion que l'apôtre Paul avait de lui-même baissa graduellement. Il commença par se considérer comme apôtre par excellence, puis finit par se considérer comme le plus grand des pécheurs. Cela traduit une réelle croissance en humilité.

i. Il commença par se considérer comme n'étant inférieur à aucun apôtre.

…car je n'ai été inférieur en rien aux apôtres par excellence…

2 Corinthiens 12 : 11

ii. Puis il se considéra comme le moindre de ces mêmes apôtres.

...car je suis le moindre des apôtres, je ne suis pas digne d'être appelé apôtre, parce que j'ai persécuté l'Église de Dieu.

1 Corinthiens 15 : 9

iii. Au bout d'un certain temps, il cessa de se comparer aux apôtres et s'assimila au moindre de tous les saints.

A moi, qui suis LE MOINDRE DE TOUS LES SAINTS, cette grâce a été accordée d'annoncer aux païens les richesses incompréhensibles de Christ ;

Éphésiens 3 : 8

iv. Pour finir, à la fin de sa vie et dans l'une de ses dernières épitres, il ne se compara même pas à un apôtre ou à un saint. Il en était arrivé à la conclusion qu'il était le premier des pécheurs.

C'est une parole certaine et entièrement digne d'être reçue, que Jésus-Christ est venu dans le monde pour sauver les PÉCHEURS, DONT JE SUIS LE PREMIER.

1 Timothée 1 : 15

Job

Dieu disait de Job qu'il était un homme juste et parfait qui fuyait le mal. Mais lorsque Job entra en contact avec le Seigneur, il se rendit compte qu'il était en réalité une très mauvaise personne. Il dit : « Je me condamne ».

Je reconnais que tu peux tout, Et que rien ne s'oppose à tes pensées. Quel est celui qui a la folie d'obscurcir mes desseins ? Oui, j'ai parlé, sans les comprendre, De merveilles qui me dépassent et que je ne conçois pas. Écoute-moi, et je parlerai ; Je t'interrogerai, et tu m'instruiras.

Mon oreille avait entendu parler de toi ; Mais maintenant mon œil t'a vu. C'est pourquoi JE ME CONDAMNE et je me repens sur la poussière et sur la cendre.

Job 42 : 2-6

Pierre

Un jour, alors que l'apôtre Pierre était en train de pêcher, le Seigneur arriva. Lorsqu'il se rendit compte que c'était Jésus qui se tenait à côté de lui, il prit conscience de sa nature pécheresse et dit : « Je suis un pécheur ». La présence de Dieu révèle toujours notre corruption la plus profonde.

> **Quand il vit cela, Simon Pierre tomba aux genoux de Jésus, et dit : Seigneur, retire-toi de moi, parce que JE SUIS UN HOMME PÉCHEUR.**
>
> **Luc 5 : 8**

Daniel

Daniel était un saint prophète très aimé du Seigneur. Mais lorsqu'il vint dans la présence du Seigneur, il dit : « Mon visage changea de couleur et fut décomposé ». Une fois de plus, nous voyons un saint homme de Dieu qui réalise sa nature pécheresse lorsqu'il est dans la présence de Dieu.

> **Moi, Daniel, je vis seul la vision, et les hommes qui étaient avec moi ne la virent point, mais ils furent saisis d'une grande frayeur, et ils prirent la fuite pour se cacher.**
>
> **Je restai seul, et je vis cette grande vision ; les forces me manquèrent, MON VISAGE CHANGEA DE COULEUR ET FUT DÉCOMPOSÉ, et je perdis toute vigueur. J'entendis le son de ses paroles ; et comme j'entendais le son de ses paroles, je tombai frappé d'étourdissement, la face contre terre.**
>
> **Et voici, une main me toucha, et secoua mes genoux et mes mains. Puis il me dit : Daniel, homme bien-aimé, sois attentif aux paroles que je vais te dire, et tiens-toi debout à la place où tu es; car je suis maintenant envoyé vers toi. Lorsqu'il m'eut ainsi parlé, je me tins debout en tremblant.**
>
> **Daniel 10 : 7-11**

Tout cela prouve qu'il n'y a point de juste, pas même un seul.

Selon qu'il est écrit : Il n'y a point de juste, pas même un seul ;

Romains 3 : 10

C'est la présence de ce péché envahissant qui détruit le monde entier. Le péché est la source de tous les problèmes du monde. Le péché est à l'origine de tous nos maux. C'est pourquoi la prédication est la plus importante réponse aux problèmes de l'humanité. La prédication attaque le problème de l'homme à la racine.

Le péché mene tous les hommes à leur mort

C'est pourquoi, comme par un seul homme le péché est entré dans le monde, et par le péché la mort, et QU'AINSI LA MORT S'EST ÉTENDUE SUR TOUS LES HOMMES, PARCE QUE TOUS ONT PÉCHÉ, ...car jusqu'à la loi le péché était dans le monde. Or, le péché n'est pas imputé, quand il n'y a point de loi.

Cependant la mort a régné depuis Adam jusqu'à Moïse, même sur ceux qui n'avaient pas péché par une transgression semblable à celle d'Adam, lequel est la figure de celui qui devait venir.

Mais il n'en est pas du don gratuit comme de l'offense; car, si par l'offense d'un seul il en est beaucoup qui sont morts, à plus forte raison la grâce de Dieu et le don de la grâce venant d'un seul homme, Jésus Christ, ont-ils été abondamment répandus sur beaucoup.

Romains 5 : 12-15

La mort s'est étendue sur tous les hommes à cause du péché. Le péché qu'il y a dans nos vies conduit à la mort. La Bible dit aussi qu'une fois le péché consommé, il produit la mort.

Puis la convoitise, lorsqu'elle a conçu, enfante le péché ; et LE PÉCHÉ, étant consommé, PRODUIT LA MORT.

Jacques 1 : 15

La mort est un passage obligé pour tous les êtres humains. Le fait même que nous mourrions indique la présence du péché. Chaque fois que vous voyez une personne mourir, souvenez-vous que le péché a fini son œuvre. La mort est l'unique conséquence naturelle du péché.

Le péché se cache derrière toute les causes de décès

Le péché ouvre la porte à toutes les causes de décès connues, y compris les cancers, le VIH, les maladies incurables, les maladies, les infirmités, les accidents et la vieillesse. Les maladies de ce monde peuvent toutes être attribuées à notre nature pécheresse.

Comme vous le remarquerez, aucune tentative humaine visant à aider l'homme n'a éradiqué le péché et la mort. La prédication est par conséquent la seule solution qui offre la vie à une race humaine condamnée à mort.

En elle était la vie, et la vie était la lumière des hommes.
Jean 1 : 4

Aucun hôpital ne peut vous promettre la vie. Aucun traitement médical ne peut vous offrir la vie. L'ONU ne peut pas résoudre votre problème de la mort. Nous sommes tous condamnés à mort, et seul Jésus peut nous donner une nouvelle vie. Jésus a dit : « Je suis venu pour que vous ayez la vie. »

La condamnation à mort

Un jour, j'ai regardé un documentaire sur un jeune homme qui avait été condamné à mort en Amérique. C'était l'histoire vraie, triste et émouvante d'un homme Noir accusé d'avoir tué un policier. Il niait avoir tué ce policier et beaucoup de personnes le croyaient.

Pendant six longues années la bataille juridique fit rage, les avocats, la famille et les amis essayant de le sortir du couloir de la mort. Finalement, toutes les voies de recours furent épuisées. C'était un documentaire extraordinaire. Cet homme fut filmé jusqu'à quelques minutes avant son exécution. Sa famille et ses amis furent invités à un dernier dîner. Ils vinrent tous et dînèrent avec lui.

Puis arriva le moment de se quitter et ils le serrèrent l'un après l'autre, jusqu'à ce que tout le monde soit parti. Il fut ensuite conduit dans une salle privée où il put parler avec son pasteur, puis à son avocat. Au bout d'une heure, il avait été exécuté.

Après l'exécution, son avocat et son pasteur furent interviewés. Je me souviens surtout de la question que l'on posa à son pasteur.

« Quelle est la dernière chose que vous lui avez dite ? », demanda quelqu'un.

Le pasteur répondit : « Je lui ai dit que nous sommes tous condamnés à mort. La seule différence est que la plupart d'entre nous ignore le jour de leur exécution. »

En réfléchissant à ces paroles, j'ai réalisé combien elles étaient vraies. Nous sommes en effet condamnés à mort. Nous devrons tous mourir, que cela nous plaise ou non. Ce n'est qu'une question de temps. La sentence nous rattrapera. Seul Jésus peut nous délivrer de cette condamnation à mort et nous donner une nouvelle vie. Il a dit : « Je suis le chemin, la vérité et la vie. »

C'est la raison pour laquelle il est si important de prêcher. C'est ce qui fait la différence entre la prédication et toutes les autres formes d'assistance humaine. La prédication apporte la vie aux personnes condamnées ! Jésus a dit : « Les paroles que je vous ai dites sont esprit et vie (Jean 6 : 63) ».

2. La predication libère la puissance de Dieu

> **Car je n'ai point honte de L'ÉVANGILE : C'EST UNE PUISSANCE DE DIEU pour le salut de quiconque croit, du Juif premièrement, puis du Grec.**
>
> **Romains 1 : 16**
>
> **IL ENVOYA SA PAROLE et les guérit, Il les fit échapper de la fosse.**
>
> **Psaume 107 : 20**

Un jour, un pasteur en visite venu de Suisse fit une remarque au sujet de mon église. Il dit : « Votre église ressemble à un gigantesque groupe de jeunes. » Il ajouta : « Il y a tellement de jeunes dans votre église. »

Avant cela, je n'avais pas vraiment remarqué que notre église était remplie de jeunes gens. Au début, je ne prenais pas cela pour un compliment. Mais avec le temps, j'ai réalisé que seule la puissance de Dieu pouvait amener les jeunes gens à l'église. Vous savez, les jeunes ont beaucoup d'énergie et de désirs de jeunesse. Certains désirs sont davantage trouvés chez les jeunes. Quand l'église est remplie de jeunes gens, c'est un signe que la puissance de Dieu est présente.

La police ne peut pas changer les jeunes. Les codes moraux ne peuvent stopper un jeune homme rebelle. Même la peur d'aller en prison ne semble pouvoir arrêter les gens aujourd'hui. Mais je connais une chose qui a le pouvoir de transformer le pêcheur le plus endurci. N'est-il pas surprenant que des gens qui n'écoutent personne, ni les parents, ni leurs enseignants, ni leurs conseillers, soient « stoppés » par la Parole de Dieu et changés à jamais ? La prédication de la croix est réellement la puissance de Dieu.

J'ai commencé à servir le Seigneur alors que j'étais encore très jeune. Je l'ai suivi de tout mon cœur. Qu'est-ce qui aurait pu pousser un jeune homme comme moi à renoncer à sa profession pour devenir prédicateur ? C'est cela, la puissance de Dieu.

La prédication libère toujours la puissance, et cette puissance a la capacité de changer les gens. C'est la raison pour laquelle vous devez devenir prédicateur, car la prédication libère de la puissance.

3. La prédication amène l'espérance

> **Or, tout ce qui a été écrit d'avance l'a été pour notre instruction, afin que, par la patience, et par la consolation que donnent les Écritures, nous POSSÉDIONS L'ESPÉRANCE.**
>
> **Romains 15 : 4**

Beaucoup de personnes viennent à l'église alors qu'elles vivent des situations désespérées et décourageantes. Quand elles entendent la Parole de Dieu, le découragement et le désespoir s'en vont. Tel un fétu de paille balayé par un vent, le découragement et le désespoir sont forcés de s'envoler. La prédication de la Parole d'espérance maintient les hommes en vie.

La souris survécut à cause de l'espoir

Un jour, j'ai lu un document sur une expérience au cours de laquelle une souris avait été placée dans un seau d'eau profond, dans une pièce sombre. Aucune lumière ne pouvait y pénétrer. Au bout de quelque trois minutes, la souris se noya.

Une souris de même poids et taille fut placée dans ce même seau d'eau et dans cette même pièce. Cette fois, on y laissa pénétrer une faible lumière. Cette seconde souris nagea pendant trois jours environ avant de finir par se noyer. Qu'est-ce qui fit la différence entre les deux souris ?

La faible lueur qu'apercevait la deuxième souris lui donna beaucoup d'espoir. L'espoir de survivre poussa la souris à nager pendant trois jours. C'est une histoire merveilleuse qui illustre comment l'espoir peut maintenir un homme en vie jusqu'à ce que se produise son miracle.

Nous parlons très peu d'espérance, mais sans espérance, il ne peut y avoir de foi. La foi est l'assurance des choses que l'on espère. C'est lorsque les gens reçoivent l'espérance à travers la prédication que leur foi s'édifie.

4. La prédication sauve des vies

> **Car puisque le monde, avec sa sagesse, n'a point connu Dieu dans la sagesse de Dieu, il a plu à Dieu de SAUVER LES CROYANTS par la folie de la prédication.**
>
> **1 Corinthiens 1 : 21**

Dieu a choisi de sauver les gens par la folie de la prédication. La prédication sauve des vies.

L'onction de Jonas

Dans les derniers temps, l'onction de Jonas le prédicateur sera répandue sur les hommes. L'onction de Jonas fut suffisante pour convertir des pécheurs endurcis aux voies de Dieu. Ninive était une ville de personnes méchantes et Jonas craignit d'abord d'y aller. Mais lorsqu'il prêcha, toute la ville finit par se convertir. Jonas ne fit aucun miracle. Personne ne tomba sous l'effet de son onction et il ne vit aucune manifestation étrange de l'Esprit. Pourtant, il avait une forte onction de prédicateur et cela fut suffisant pour changer toute une ville.

Je vois cette onction de prédicateur se répandre sur votre vie ! Vous prêcherez à des milliers de personnes ! Les cœurs des hommes changeront quand ils vous entendront prêcher. Les gens seront sauvés dans le cadre de votre ministère de prédication.

Le livre de Genèse nous montre que les gens vivaient beaucoup plus longtemps qu'aujourd'hui.

Tous les jours d'Hénoc furent de TROIS CENT SOIXANTE-CINQ ANS.

Genèse 5 : 23

Tous les jours de Metuschélah furent de NEUF CENT SOIXANTE NEUF ANS ; puis il mourut.

Genèse 5 : 27

Tous les jours de Lémec furent de SEPT CENT SOIXANTE-DIX SEPT ANS ; puis il mourut.

Genèse 5 : 31

Avec l'augmentation du péché, l'espérance de vie diminua. La Bible est très précise sur la manière dont Dieu réduisit l'espérance de vie, qui passa de plusieurs centaines d'années à cent vingt ans.

Alors l'Éternel dit : Mon esprit ne restera pas à toujours dans l'homme, car l'homme n'est que chair, et ses jours seront de CENT VINGT ANS.

Genèse 6 : 3

Et l'espérance de vie semble s'être davantage raccourcie, passant de cent vingt ans à soixante-dix ans.

Les jours de nos années s'élèvent à SOIXANTE-DIX ANS, Et, pour les plus robustes, à quatre-vingts ans ;
Et l'orgueil qu'ils en tirent n'est que peine et misère, Car il passe vite, et nous nous envolons.

Psaume 90 : 10

Les générations précédentes fêtaient leurs « centièmes » anniversaires. On mettait des enfants au monde à l'âge de cent cinquante ans. Aujourd'hui, nous nous réjouissons lorsqu'une personne atteint quatre-vingts ans. À quarante ans, on paraît déjà vieux. Pourquoi le corps s'est-il mis à renoncer si facilement ?

Lorsque les hommes eurent commencé à se multiplier sur la face de la terre, et que des filles leur furent nées, les fils de Dieu virent que les filles des hommes étaient belles, et ils en prirent pour femmes parmi toutes celles qu'ils choisirent.

Alors l'Éternel dit : Mon esprit ne restera pas à toujours dans l'homme, car l'homme n'est que chair, et ses jours seront de cent vingt ans.

Genèse 6 : 1-3

L'espérance de vie est passée de neuf cents ans à cent vingt ans à cause de la fornication avec les fils de Dieu ! La fornication entraîna une diminution de 800 ans de l'espérance de vie. Les gens perdirent 90 % de leur espérance de vie à cause de la fornication. La Bible déclare que « le péché, étant consommé, produit la mort ». Pensez y. Huit cents ans ont été retranchés à cause de la fornication. Voyez vous comment le péché a raccourci nos vies ?

Comme vous pouvez le voir, le problème est spirituel et non physique. C'est la raison pour laquelle les solutions physiques ne peuvent résoudre les problèmes de l'humanité. Le problème, c'est le péché. La solution, c'est la prédication de Jésus-Christ et de Sa crucifixion.

« Le péché, étant consommé », les agents de la mort, affections cardiaques et pulmonaires, cancers, hématies falciformes, maladies de la peau, VIH, tumeurs, accidents, querelles et insuffisances rénales commencèrent à s'organiser pour nous tuer - soit en stoppant le fonctionnement du rein, soit en causant un accident de voiture. Pour chacun, la condamnation à mort est exécutée d'une manière différente.

En venant sur cette terre, Christ savait que le problème était complexe. C'est pourquoi Il ne guérit pas simplement tout le monde. Il savait que le problème était plus profond. Il savait pourquoi certaines affections s'étaient attachées à certaines personnes. Le problème n'était pas seulement la maladie. Il savait qu'il y avait plus que cela !

Au vu de notre situation, le Seigneur pensa à la meilleure manière de nous venir en aide, la meilleure manière de prolonger nos vies. Dieu prévit la meilleure manière de nous sauver des choses auxquelles nous étions liés légalement. C'est pourquoi Il prêcha, enseigna et guérit. Il plut à Dieu de sauver les gens par la folie de la prédication.

La prédication et l'enseignement résolvent vos problèmes. Tout d'abord, votre esprit est racheté. Vous n'êtes plus condamné à aller en enfer. Grâce à Dieu, par la puissance de la prédication, votre âme sera sauvée d'une damnation éternelle.

Une fois que la prédication a puissamment sauvé votre âme, les autres domaines de votre vie commencent également à être touchés. Après que l'âme a prospéré, votre santé est touchée par ce salut. Votre vie financière est également touchée après que votre âme a été sauvée. La Parole de Dieu commence à guérir et à résoudre tous les problèmes de l'intérieur.

Bien-aimé, je souhaite QUE TU PROSPÈRES à tous égards et sois en bonne santé, COMME PROSPÈRE L'ÉTAT DE TON ÂME.

3 Jean 2

Quand on y pense de manière naturelle, on se rend compte que si une personne décide de renoncer à la fornication, elle réduit le risque d'être exposé au VIH et par conséquent à la mort. Quand vous entendez la Parole de Dieu et décidez de vous marier, au lieu de courir d'une personne à l'autre, vous réduisez votre exposition à beaucoup de maladies. La prédication et l'enseignement sauve nos vies de différentes manières, que nous ne pouvons même pas imaginer.

Grâce à la Parole de Dieu, nous décidons d'arrêter de fumer et de boire de l'alcool. Cela prolonge automatiquement nos vies de plusieurs années. On est moins exposé au cancer, aux maladies du cœur, au VIH, à la gonorrhée et à la dépression lorsque l'on vit en accord avec la Parole de Dieu.

Un message de prédication peut vous sauver la vie. Je crois à l'écoute de messages. Vous découvrirez que la Parole entendue à travers une cassette est « la vie pour ceux qui la trouvent et la santé pour leur corps ».

Mon fils, sois attentif à mes paroles…Car c'est la vie pour ceux qui les trouvent, C'est la santé pour tout leur corps.
Proverbes 4 : 20,22

Exposez-vous à la prédication, et vous vous exposerez à de nombreuses bénédictions. Jésus est venu prêcher et enseigner.

Il envoya sa parole et les guérit, Il les fit échapper de la fosse.
Psaume 107 : 20

Les guérisons n'étaient que des signes. Quand les gens ne venaient que pour des signes, Jésus leur disait qu'ils étaient méchants. Il nous enseigna qu'aimer les signes et les miracles sans aimer Sa prédication était une mauvaise chose.

Il leur répondit : Une génération méchante et adultère demande un miracle ; il ne lui sera donné d'autre miracle que celui du prophète Jonas.
Matthieu 12 : 39

Prêcher permet de démarrer des églises ! Dieu veut plus de prédicateurs ! Dieu veut que vous prêchiez ! Prêcher et enseigner guériront votre mariage. Cela réduira votre tendance à vous quereller et amènera la paix. La prédication empêchera le divorce. La prédication change des vies !

Du reste, mon fils, tire instruction de ces choses ; on ne finirait pas, si l'on voulait faire un grand nombre de livres.

Chapitre 8

Pourquoi l'enseignement est puissant

Un jour, Jésus était en train d'enseigner dans le temple, lorsqu'un démon s'écria « Qu'y a-t-il entre nous et toi ? ». La Parole de Dieu est puissante, elle s'attaque directement aux démons.

> **Ils se rendirent à Capernaüm. Et, le jour du sabbat, Jésus entra d'abord dans la synagogue, et il enseigna. Ils étaient frappés de sa doctrine; car il enseignait comme ayant autorité, et non pas comme les scribes.**
> **Il se trouva dans leur synagogue UN HOMME QUI AVAIT UN ESPRIT IMPUR, ET QUI S'ÉCRIA : QU'Y A-T-IL ENTRE NOUS ET TOI, Jésus de Nazareth ? Tu es venu pour nous perdre. Je sais qui tu es : le Saint de Dieu.**
>
> **Marc 1 : 21-24**

S'exposer à l'enseignement de la Parole apporte la guérison dans votre vie. Jésus n'a pas fait qu'enseigner les gens. Les gens venaient pour l'entendre et être par la suite guéris de leurs maladies.

> **Sa renommée se répandait de plus en plus, et les gens venaient en foule pour L'ENTENDRE ET POUR ÊTRE GUÉRIS de leurs maladies.**
>
> **Luc 5 : 15**

Les évangiles relatent à plusieurs reprises que les gens venaient écouter Ses enseignements. Dieu vous élèvera et fera de vous un puissant prédicateur afin que vous touchiez les vies des gens. Dieu fera de vous un puissant prédicateur et enseignant.

> **Il descendit avec eux, et s'arrêta sur un plateau, où se trouvaient une foule de ses disciples et une multitude de peuple de toute la Judée, de Jérusalem, et de la**

contrée maritime de Tyr et de Sidon. **Ils étaient venus pour L'ENTENDRE, ET POUR ÊTRE GUÉRIS DE LEURS MALADIES.**

Luc 6 : 17

Jésus enseignait toujours la Parole de Dieu avant de commencer à guérir les gens. Après avoir enseigné la Parole, Il guérissait les malades. Il le faisait parce que la Parole de Dieu attaque la maladie à la racine. Dieu s'attaque à la racine de votre pauvreté. Quand ils sont exposés à la Parole, les gens guérissent toujours.

Mon fils, sois attentif à mes paroles… Car c'est la vie pour ceux qui les trouvent, C'est la santé pour tout leur corps.

Proverbes 4 : 20,22

Jésus a dit : « Les paroles que je vous ai dites sont esprit et vie. » (Jean 6 : 63). En entendant la Parole, la vie entre en vous. Dieu merci, à travers l'enseignement de Sa parole, notre esprit est vivifié. Il est important de continuer à s'exposer à l'enseignement de la Parole.

On se rend compte que la Parole, qu'elle soit prêchée ou enseignée, nous guérit et nous sauve. Quelle est la différence entre la prédication et l'enseignement ?

Differences entre prédication et enseignement

a. Quand la Parole nous est prêchée, nos âmes sont touchées.
b. Quand la Parole nous est enseignée, notre intelligence reçoit largement.
c. L'enseignement a un effet plus durable que la prédication.
d. L'enseignement est parfois plus difficile à assimiler. La prédication pénètre rapidement mais disparaît rapidement.
e. La prédication est émouvante et enthousiasmante.
f. La prédication est plus impressionnante extérieurement que l'enseignement.

g. L'enseignement n'est pas aussi populaire que la prédication. Si je mettais un prédicateur à gauche et un enseignant à droite, la plupart des gens préfèreraient le prédicateur.
h. La plupart des gens penseraient qu'un prédicateur est un homme de Dieu plus puissant qu'un enseignant. Si on organisait un vote, les foules choisiraient probablement le prédicateur parce qu'il serait plus impressionnant.
i. Les enseignants ont souvent des églises à croissance régulière. Cela s'explique par le fait que la vérité est enseignée ligne après ligne et précepte après précepte. Quand on bâtit une maison, on pose les briques de manière méthodique, jusqu'à ce qu'on obtienne une structure ordonnée et durable.

Trois effets directs de l'enseignement

1. L'enseignement de la Parole apporte la lumière

Les démons demeurent dans les ténèbres. Les démons de la frustration, la mort prématurée et la pauvreté demeurent dans les ténèbres. L'orgueil est une forme de ténèbres. C'est la raison pour laquelle des mauvais esprits demeurent là où il y a de l'orgueil. Dieu merci, car Sa parole est lumière.

Ta parole est une lampe à mes pieds, Et une lumière sur mon sentier.
Psaume 119 : 105

Quand la Parole est enseignée, nos cœurs sont illuminés. Les démons, qui demeurent dans les ténèbres, sont contraints de s'enfuir. Lorsque la Parole est enseignée, il se produit une illumination spirituelle. C'est la raison pour laquelle les gens peuvent être guéris pendant un enseignement. Pendant que la Parole est prêchée, votre vie est transformée. Le diable le sait, et c'est la raison pour laquelle il n'aime pas que vous écoutiez les enseignements.

C'est la raison pour laquelle il ne veut pas que vous ayez des cassettes. Une cassette peut changer votre vie à jamais. Une seule cassette peut vous mener au ciel. Une cassette peut faire de vous un pasteur ! Une cassette peut vous faire passer du statut de divorcé à celui d'une personne heureuse dans son mariage ! Une cassette peut vous apporter la stabilité, vous faire passer de la folie à la santé mentale, et vous guérir. Le diable n'aime pas l'enseignement, car il apporte la lumière. Il y a des années, alors que j'étais interne à l'Hôpital universitaire de Korle Bu, je vivais dans un dortoir. À un moment donné, j'eus des rats et des souris dans ma chambre.

Chaque soir, lorsque j'entrais dans ma chambre, j'allumais soudainement la lumière, et ces rats s'enfuyaient à travers la pièce en direction d'un trou au plafond. J'en avais des frissons, car je détestais les rats (et ils étaient énormes). Ces rats avaient le champ libre lorsque j'étais à l'extérieur et que la lumière était éteinte. Mais dès que j'allumais la lumière, ils se sentaient exposés et s'enfuyaient.

Il en est de même lorsque la lumière de la Parole de Dieu arrive dans nos vies. Les démons sont exposés et contraints de s'enfuir. C'est exactement ainsi que la Parole de Dieu opère. La Parole projette la lumière sur les démons qui demeurent et fleurissent dans les lieux obscurs de nos vies !

Quand la lumière de la Parole de Dieu est éteinte dans votre vie (lorsque vous n'allez pas à l'église ou lorsqu'il n'y a pas de Parole dans votre vie), les démons sont libres de vous envahir. Les démons cherchent l'obscurité chez les êtres humains. L'obscurité du non pardon, de l'amertume, de la haine, de la convoitise, du mensonge, de l'orgueil, de la désobéissance, du péché ou de la colère. C'est pourquoi la Bible nous exhorte à ne pas donner accès au diable. La présence de ces zones obscures ouvre la porte à des manœuvres et opérations démoniaques.

Et ne donnez pas accès au diable.
Éphésiens 4 : 27

Vous serez libéré de l'oppression satanique lorsque vous allumerez la lumière de la Parole.

2. L'enseignement de la parole, c'est l'épée en action

...prenez aussi le casque du salut, et l'épée de l'Esprit, qui est la parole de Dieu.

Éphésiens 6 : 17

Car la parole de Dieu est vivante et efficace, plus tranchante qu'une épée quelconque à deux tranchants...

Hébreux 4 : 12

L'enseignement est puissant. Il chasse les démons, les maladies mentales, la cécité, l'impureté, l'orgueil, la stupidité, la convoitise, les problèmes spirituels et la pauvreté. L'épée pique les démons et les chasse.

Comme les démons ne veulent pas être blessés par l'épée de la Parole, ils font tout ce qu'ils peuvent pour vous empêcher d'absorber l'enseignement. C'est la raison pour laquelle les démons vous font parfois dormir à l'église, pour vous empêcher d'entendre l'enseignement. Entendre précède la guérison !

Ils étaient venus pour l'entendre, et pour être guéris...

Luc 6 : 17

3. L'enseignement de la parole, c'est l'encemencement

Le semeur sème la parole.

Marc 4 : 14

Une semence est plantée lorsque vous entendez la Parole. Quand le prédicateur dit : « Vous serez béni et prospère », il sème une semence dans votre vie. Les paroles d'un enseignant sont des semences qui croissent et deviennent de grands arbres.

Dans mon église, beaucoup de personnes veulent devenir pasteurs à cause des semences que j'ai semées. On récolte ce qu'on a semé. Même dans la vie ordinaire, les choses que nous disons au sujet de nos enfants se réalisent alors qu'ils grandissent.

Si vous continuez à appeler votre enfant « ange », en grandissant, il développera un esprit agréable, et vice versa.

Si vous dites à votre congrégation que tout ira bien pour elle et que le Seigneur est son gardien et une ombre à sa main droite, ces promesses se réaliseront. Le Seigneur est votre aide, vous vivrez et ne mourrez pas, et tout ira bien pour vous. Vous aurez l'enfant que vous pensiez ne pas avoir !

Du reste, mon fils, tire instruction de ces choses ; on ne finirait pas, si l'on voulait faire un grand nombre de livres.

Chapitre 9

Implantation d'églises et le Ministère des tentes

Le Ministère des tentes est une des grandes clés de l'implantation d'églises à grande échelle. Le Ministère des tentes, c'est le sacrifice de pasteurs et d'évangélistes, qui travaillent sans être payés pour leurs services. L'ampleur de la tâche est telle que sans la stratégie du Ministère des tentes, très peu d'églises seront implantées.

Presque tous les ministères que je connais sont au point mort en raison de factures croissantes et de frais de personnel élevés. Il est pratiquement IMPOSSIBLE à l'église d'employer tout le personnel dont elle a besoin pour l'oeuvre de Dieu.

Le Ministère des tentes ou Ministère laïc n'est pas populaire dans certains milieux. Dans certaines cultures, tout le monde doit être payé pour ses services. L'organiste doit être payé ! Le guitariste doit être payé ! L'ingénieur du son doit être payé et le pasteur est constamment à la recherche d'un salaire plus élevé en échange de ses services.

Cher ami, la plupart des champs de récolte prêts à être moissonnés se trouvent dans les régions pauvres du monde. Comment les pauvres de la terre pourront-ils être atteints dans leur pauvreté ? La plupart de ces gens ne peuvent s'offrir les services d'un bon pasteur ou évangéliste. Le ministère de pasteurs et d'évangélistes bénévoles est la clé d'une implantation continue d'églises.

Lorsque le caractère sacrificiel du christianisme est remis en question, l'implantation d'églises s'arrête. L'église est issue du sacrifice de Christ. L'église a grandi grâce au sacrifice de l'église apostolique. Une fois de plus, l'église ne s'étendra qu'au travers du sacrifice.

Dans les deux prochains chapitres, je vais évoquer le Ministère des tentes. Selon moi, c'est seulement à travers le Ministère des tentes que l'implantation d'églises sera possible à grande échelle.

Sept choses que vous devriez savoir au sujet du ministère des tentes

Paul partit d'Athènes et se rendit à Corinthe, où il rencontra Aquilas, un juif originaire du Pont. Peu avant cela, Aquilas était arrivé d'Italie avec son épouse Priscille, car l'empereur Claude avait ordonné au peuple juif de sortir de Rome. Paul, ayant rendu visite à Aquilas et Priscille, constata qu'ils fabriquaient des tentes. PAUL AUSSI FABRIQUAIT DES TENTES. Il demeura avec eux et ils se mirent à travailler ensemble.

À CHAQUE SABBAT, PAUL PRENAIT LA PAROLE DANS LA SYNAGOGUE et CHERCHAIT A CONVAINCRE aussi bien les Juifs et les Grecs.

Actes 18 : 4
(Bible en français courant)

1. Le Ministère des tentes est en fait le Ministère laïc.

C'est la capacité à combiner travail séculier et vrai ministère. Le ministère de l'apôtre Paul en est la meilleure illustration. On l'appelle ainsi parce que Paul fabriquait des tentes.

2. Il est possible de combiner travail séculier et ministère.

C'est un ministère dans lequel vous subvenez vous-mêmes à vos besoins. Vous me direz peut-être « Est-ce ce que Dieu a prévu pour le ministère ? La Bible n'enseigne-t-elle pas que ceux qui annoncent l'Évangile doivent en vivre ? »

De même aussi, le Seigneur a ordonné à ceux qui annoncent l'Évangile de vivre de l'Évangile.

1 Corinthiens 9 : 14

J'ai combiné mes études de médecine avec le ministère. Je connais beaucoup de personnes qui prêchent la parole de Dieu de manière efficace tout en continuant d'exercer leur profession.

Paul fut le grand planteur d'églises de l'époque du Nouveau testament. Il réussit à accomplir de grandes choses pour le Seigneur tout en subvenant à ses besoins en fabriquant des tentes. Le Ministère des tentes est encore plus vital pour l'implantation d'églises aujourd'hui.

3. Le ministère de l'apôtre Paul est meilleur exemple de Ministère des tentes que l'on trouve dans le Nouveau testament.

Le meilleur exemple que l'on trouve dans l'Ancien testament, c'est celui du prophète Daniel.

Daniel avait trois occupations :

i) Il était membre du Parlement pour la province de Babylone.

Ensuite le roi éleva Daniel, et lui fit de nombreux et riches présents ; il lui donna le commandement de toute la province de Babylone, et l'établit chef suprême de tous les sages de Babylone.

Daniel 2 : 48

ii) Il était le deuxième vice-président de Belschatsar.

Aussitôt Belschatsar donna des ordres, et l'on revêtit Daniel de pourpre, on lui mit au cou un collier d'or, et on publia qu'il aurait la troisième place dans le gouvernement du royaume.

Daniel 5 : 29

iii) Il fut premier ministre pendant le règne de Darius.

Darius trouva bon d'établir sur le royaume cent vingt satrapes, qui devaient être dans tout le royaume. Il mit à leur tête trois chefs, au nombre desquels était Daniel, afin que ces satrapes leur rendissent compte, et que le roi ne souffrît aucun dommage.

Daniel 6 : 1-2

4. Parfois la volonté de Dieu est que vous soyez un ministre des tentes et parfois, Sa volonté est que vous soyez ministre à plein temps.

Dans un cas, il convient de vous faire soutenir par le ministère, et dans l'autre, vous devez subvenir à vos propres besoins. Il est important de se laisser conduire par l'Esprit en tout temps. N'est-il pas étonnant que la chose à faire puisse devenir celle à ne pas faire (anomie) parce que Dieu en a décidé ainsi ? Paul a déclaré que le Seigneur lui a appris à être rassasié et à avoir faim.

> **Je sais vivre dans l'humiliation, et je sais vivre dans l'abondance. En tout et partout J'AI APPRIS À ÊTRE RASSASIÉ ET À AVOIR FAIM, à être dans l'abondance et à être dans la disette.**
> **Philippiens 4 : 12**

5. Le Ministère des tentes prendra de l'importance dans les derniers jours.

Le ministère de Paul existe encore aujourd'hui. La meilleure manière dont certaines personnes peuvent apporter leur aide au ministère, c'est de faire comme Paul - exercer un travail séculier en semaine et « discourir dans la synagogue le jour du sabbat et persuader des Juifs et des Grecs. »

> **Et, comme il avait le même métier, il demeura chez eux et y travailla : ils étaient faiseurs de tentes.**
> **PAUL DISCOURAIT DANS LA SYNAGOGUE CHAQUE SABBAT, et il persuadait des Juifs et des Grecs.**
> **Actes 18 : 3-4**

6. Paul exerça le Ministère des tentes afin que d'autres puissent suivre l'exemple qu'il était.

> **Et maintenant, je vous remets à Dieu et au message de sa grâce. Il a le pouvoir de vous faire progresser dans la foi et de vous accorder les biens qu'il réserve à tous ceux qui lui appartiennent.**
> **Je n'ai désiré ni l'argent, ni l'or, ni les vêtements de personne.**
> **Vous savez vous-mêmes que J'AI TRAVAILLÉ DE MES PROPRES MAINS POUR GAGNER CE QUI**

NOUS ÉTAIT NÉCESSAIRE à mes compagnons et À MOI.

Je vous ai montré en tout qu'il faut travailler ainsi pour venir en aide aux pauvres, en nous souvenant des mots que le Seigneur Jésus lui-même a dits : « Il y a plus de bonheur à donner qu'à recevoir ! »

Cela dit, Paul se mit à genoux avec eux et pria.

Actes 20 : 32-36
(Bible en français courant)

Vous savez vous-mêmes comment il faut nous imiter, car nous n'avons pas vécu parmi vous dans le désordre.

Nous n'avons mangé gratuitement le pain de personne; mais, dans le travail et dans la peine, nous avons été nuit et jour à l'oeuvre, pour n'être à charge à aucun de vous.

Ce n'est pas que nous n'en eussions le droit, mais nous avons voulu vous donner en nous-mêmes un modèle à imiter.

2 Thessaloniciens 3 : 7-9

Je parle d'un ministère fructueux et durable. Paul n'était pas un révérend qui ne faisait rien pour Dieu. Il fut en effet un planteur d'églises oint et puissant. Il est temps qu'un grand nombre d'appelés suive son exemple.

7. Le Ministère des tentes peut être tout aussi fructueux que le ministère à plein temps.

Je ne connais personne qui dirait que Paul était inférieur à un quelconque apôtre. Il travailla plus abondamment et voyagea beaucoup plus. Il implanta plus d'églises que quiconque. Ce fut réellement un pasteur efficace, oint et fructueux.

Du reste, mon fils, tire instruction de ces choses ; on ne finirait pas, si l'on voulait faire un grand nombre de livres.

Chapitre 10

Comment et quand se lancer dans le Ministère des tentes

1. Lorsque c'est pour vous la seule manière de vivre dans certains lieux tout en travaillant dans le Ministère

Lorsque des missionnaires Suisses furent envoyés au Ghana il y a deux cents ans, ils durent subvenir à leurs propres besoins sur le champ de mission. Beaucoup d'entre eux devinrent fermiers, enseignants, etc. Il n'y avait de toute évidence aucun moyen de faire des transferts bancaires à ces missionnaires. Il est important que les ministres comprennent qu'il y a des moments où le travail séculier permet de résider légalement sur certains territoires. J'ai dans certains pays des pasteurs qui occupent un emploi séculier uniquement pour pouvoir y vivre légalement.

Sommes-nous prêts à tout pour Jésus-Christ notre Seigneur ? S'il vous faut occuper un emploi séculier pour pouvoir vivre et exercer le ministère dans un pays étranger, le ferez-vous ? Serait-ce trop vous demander ? Comment croyez-vous que le prophète Daniel réussit à s'épanouir à Babylone ? Il garda sa fonction de membre du parlement.

2. Le Ministère des tentes vous évite de devenir un fardeau

> Nous n'avons mangé gratuitement le pain de personne ; mais, dans le travail et dans la peine, nous avons été nuit et jour à l'oeuvre, POUR N'ÊTRE À CHARGE À AUCUN DE VOUS.
>
> **2 Thesaloniciens 3 : 8**

Parfois, être ministre à plein temps est un fardeau pour une petite congrégation. Il arrive que vous soyez une charge pour un membre particulier de la congrégation qui doit constamment vous soutenir financièrement. Il m'arrive de ne pas vouloir habiter chez certaines personnes, car je sens que ma présence est un fardeau pour elles.

Une fois, nous sommes allés prêcher, et sommes rentrés très tard. Il était minuit passé. Notre hôtesse sortit de sa chambre. Elle paraissait très ensommeillée et fatiguée.

Elle murmura : « Oh, vous êtes de retour ? Quelle heure est-il ? ».

On se rendit compte qu'il était une heure du matin environ.

Puis elle ajouta : « Voulez-vous quelque chose à manger ? »

Je pensai : « Bien sûr que j'aimerais manger quelque chose. Je meurs de faim. Je n'ai rien avalé de la journée. » Mais je répondis de manière vague et diplomatique.

Mon hôtesse continua : « J'ai du poisson dans le congélateur. Je peux le décongeler et préparer de la sauce. »

Je ne dis rien, mais elle poursuivit : « J'ai également du riz que je peux préparer. »

Puis elle demanda : « Voulez-vous que je fasse à manger ? »

Je me dis : « Un chrétien doit-il demander à quelqu'un de décongeler du poisson et faire cuire du riz à une heure du matin ? » Je décidai de ne pas être un fardeau pour ma chère hôtesse.

Avec un sourire penaud, je répondis : « Oh, ça ira. »

Je me couchai affamé. Je ne voulais tout simplement pas être un fardeau pour mon hôtesse.

J'ai appris à transporter des provisions secrètes quand je voyage, de manière à ne pas devenir un fardeau pour les gens. C'est de cela dont parlait Paul. Il ne voulait pas que son ministère devienne un fardeau pour qui que ce soit.

3. Le Ministère des tentes vous permettra de survivre dans le ministère sans être payé par l'église

Nous n'avons mangé gratuitement le pain de personne ; mais, dans le travail et dans la peine, nous avons été nuit et jour à l'oeuvre, POUR N'ÊTRE À CHARGE À AUCUN DE VOUS.

2 Thessaloniciens 3 : 8

Quatre manières dont payer les pasteurs peut faire obstacle au ministère

a. Les projets de construction sont ralentis ou arrêtés
b. L'église n'est pas en mesure d'acheter le matériel dont elle a besoin
c. Des missionnaires ne peuvent être envoyés
d. Les membres immatures de l'église qui ne comprennent pas pourquoi les pasteurs devraient être payés un certain montant d'argent pourraient causer des problèmes dans une nouvelle église. Certaines personnes ne comprennent tout simplement pas pourquoi les gens qui oeuvrent pour Dieu devraient être bénis. Je conseille aux pasteurs de garder leur vie aussi privée que possible.

4. Le Ministère des tentes vous rend libres à l'égard de tous

> **Car, bien que JE SOIS LIBRE À L'ÉGARD DE TOUS, je me suis rendu le serviteur de tous, afin de gagner le plus grand nombre.**
>
> **1 Corinthiens 9 : 19**

Très souvent, les gens qui donnent de l'argent prennent de grands airs à cause de l'importance de leurs dons. Il est très important pour les pasteurs de ne pas être liés par les attitudes négatives des membres de l'église.

Les prophètes ont été avertis de « ne pas être effrayés par l'expression de leurs visages. » Cela, parce que l'expression du visage nous intimide souvent. Exercer le Ministère des tentes élimine parfois le besoin de recevoir des cadeaux et des dons, ce qui élimine ces attitudes négatives.

> **Si j'annonce l'Évangile, ce n'est pas pour moi un sujet de gloire, car la nécessité m'en est imposée, et malheur à moi si je n'annonce pas l'Évangile !**
> **Si je le fais de bon coeur, j'en ai la récompense; mais si je le fais malgré moi, c'est une charge qui m'est confiée. Quelle est donc ma récompense ? C'est d'offrir gratuitement l'Évangile que j'annonce, sans user de**

mon droit de prédicateur de l'Évangile. Car, bien que JE SOIS LIBRE À L'ÉGARD DE TOUS, je me suis rendu le serviteur de tous, afin de gagner le plus grand nombre.

1 Corinthiens 9 : 16-19

5. **Le Ministère des tentes vous permet d'entrer dans le Ministère, que les finances le permettent ou non.**

Si j'annonce l'Évangile, ce n'est pas pour moi un sujet de gloire, car LA NÉCESSITE M'EN EST IMPOSÉE, et malheur à moi si je n'annonce pas l'Évangile ! Si je le fais de bon coeur, j'en ai la récompense ; mais si je le fais malgré moi, c'est une charge qui m'est confiée. Quelle est donc ma récompense ? C'est d'offrir gratuitement l'Évangile que j'annonce, sans user de mon droit de prédicateur de l'Évangile.

1 Corinthiens 9 : 16-18

Paul a dit « Malheur à moi si je n'annonce pas l'Évangile ». Parfois, nous n'avons pas le choix ! Nous devons faire Sa volonté, que nous recevions un salaire ou pas.

C'est exactement ce que je ressens. Je ne pense pas avoir le choix. Je suis obligé d'obéir à Dieu. J'ai le sentiment que si je fais autre chose que prêcher Sa Parole, Dieu me détruira. J'ai entendu d'autres pasteurs dire la même chose.

Un jour un pasteur m'a dit : « Avant d'entrer dans le Ministère, je savais que Dieu m'avait appelé. Une fois, j'ai eu le sentiment que Dieu me tuerait si je n'entrais pas dans le Ministère. »

Il a ajouté : « C'est la raison pour laquelle je suis à plein temps dans le Ministère aujourd'hui. »

6. **Le Ministère des tentes vous assurera d'avoir part à ce grand Ministère.**

Je fais tout à cause de l'Évangile, afin D'Y AVOIR PART.

1 Corinthiens 9 : 23

Beaucoup d'entre nous pourraient ne jamais prendre part à l'édification du royaume, si ce n'était en tant que laïcs. Tous sont-ils apôtres ? Tous sont-ils prophètes ? Tous sont-ils évangélistes ? Tous sont-ils pasteurs ? De toute évidence, non ! Mais Dieu merci, il est possible de subvenir à ses propres besoins et contribuer de manière significative au Ministère en tant que ministre des tentes.

7. Certaines personnes s'entendent mieux avec des ministres de l'évangile qui ne sont pas payés et gardent leur emploi séculier

Dieu est miséricordieux et trouve un moyen pour que toutes sortes de personnes soient sauvées. Certaines personnes ont leurs propres idées sur les ministres à plein temps et ont du mal à recevoir d'eux. Il leur est plus facile de recevoir de ministres des tentes qui ne sont de toute évidence pas dans le ministère pour l'argent.

8. Pour entrer dans le Ministère des tentes, vous devez être prêt à faire des sacrifices

Le Ministère des tentes est de nature essentiellement sacrificielle. Contrairement à ce que pensent beaucoup de gens, le Ministère est très fatigant et stressant. Même les ministres qui sont payés sont souvent appelés à faire des sacrifices.

Beaucoup de pasteurs n'ont pas une vie de famille normale parce que leur vie de famille est constamment interrompue par les demandes incessantes de la congrégation. Pendant les vacances, au lieu de consacrer du temps à sa famille, le pasteur doit assister à divers événements de l'église et sociaux. Personne ne s'en soucie vraiment, jusqu'au jour où les enfants du pasteur deviennent des rebelles.

Beaucoup d'enfants de pasteurs haïssent le Ministère. Ils ont le sentiment que le Ministère leur vole leurs parents. En outre, le pasteur et son épouse sont soumis à de nombreuses tensions liées à leur statut. Il est la cible de toutes les attaques spirituelles, et beaucoup de gens l'ignorent.

Une fois, lorsque Israël alla en guerre contre la Syrie, le roi de la Syrie donna un ordre très révélateur à ses généraux et ses capitaines. Il leur dit : « N'attaquez personne. N'ATTAQUEZ NI PETITS, NI GRANDS, ATTAQUEZ SEULEMENT LE ROI EN PERSONNE. »

> **Le roi de Syrie avait donné cet ordre aux trente-deux chefs de ses chars : Vous n'attaquerez ni petits ni grands, MAIS VOUS ATTAQUEREZ SEULEMENT LE ROI D'ISRAËL.**
>
> **1 Rois 22 : 31**

Cette instruction montre qu'aucune cible n'était assez importante, si ce n'était le roi d'Israël en personne. Le roi représente le leader ou le pasteur qui devient la cible de l'attaque.

Quand une personne se sacrifie pour le Ministère sans être payée, elle fait un double sacrifice.

> **Ne suis-je pas libre ? Ne suis-je pas apôtre ? N'ai-je pas vu Jésus notre Seigneur ? N'êtes-vous pas mon oeuvre dans le Seigneur ? Si pour d'autres je ne suis pas apôtre, je le suis au moins pour vous ; car vous êtes le sceau de mon apostolat dans le Seigneur. C'est là ma défense contre ceux qui m'accusent.**
>
> **N'AVONS-NOUS PAS LE DROIT DE MANGER ET DE BOIRE ? N'AVONS-NOUS PAS LE DROIT DE MENER AVEC NOUS UNE SOEUR QUI SOIT NOTRE FEMME, COMME FONT LES AUTRES APOTRES, ET LES FRERES DU SEIGNEUR, ET CEPHAS ?**
>
> **Ou bien, est-ce que moi seul et Barnabas nous n'avons pas le droit de ne point travailler ? Qui jamais fait le service militaire à ses propres frais ? Qui est-ce qui plante une vigne, et n'en mange pas le fruit ? QUI EST-CE QUI FAIT PAITRE UN TROUPEAU, ET NE SE NOURRIT PAS DU LAIT DU TROUPEAU ?**
>
> **Ces choses que je dis, n'existent-elles que dans les usages des hommes ? la loi ne les dit-elle pas aussi ? Car**

il est écrit dans la loi de Moïse: Tu n'emmuseleras point le boeuf quand il foule le grain. Dieu se met-il en peine des boeufs, ou parle-t-il uniquement à cause de nous ? Oui, c'est à cause de nous qu'il a été écrit que celui qui laboure doit labourer avec espérance, et celui qui foule le grain fouler avec l'espérance d'y avoir part. Si nous avons semé parmi vous les biens spirituels, est-ce une grosse affaire si nous moissonnons vos biens temporels. Si d'autres jouissent de ce droit sur vous, n'est-ce pas plutôt à nous d'en jouir ? Mais nous n'avons point usé de ce droit; au contraire, nous souffrons tout, afin de ne pas créer d'obstacle à l'Évangile de Christ. Ne savez-vous pas que ceux qui remplissent les fonctions sacrées sont nourris par le temple, que ceux qui servent à l'autel ont part à l'autel ?

De même aussi, le Seigneur a ordonné à ceux qui annoncent l'Évangile de vivre de l'Évangile. Pour moi, je n'ai usé d'aucun de ces droits, et ce n'est pas afin de les réclamer en ma faveur que j'écris ainsi ; car j'aimerais mieux mourir que de me laisser enlever ce sujet de gloire. Si j'annonce l'Évangile, ce n'est pas pour moi un sujet de gloire, car la nécessité m'en est imposée, et malheur à moi si je n'annonce pas l'Évangile ! Si je le fais de bon coeur, j'en ai la récompense; mais si je le fais malgré moi, c'est une charge qui m'est confiée.

Quelle est donc ma récompense ? C'est d'offrir gratuitement l'Évangile que j'annonce, sans user de mon droit de prédicateur de l'Évangile.

1 Corinthiens 9 : 1-18

Le Ministère des tentes éprouvera votre caractère de chrétien. Des qualités telles que la maîtrise de soi et la modération seront éprouvées. Lorsque j'étais étudiant en médecine et médecin en service à l'hôpital, je devais sacrifier mes pauses pour le Ministère. Pendant que les gens regardaient la télévision, je ne pouvais pas m'offrir ce luxe. Je n'avais pas le temps pour une socialisation et des bavardages inutiles. Tout mon temps libre était pris.

9. L'égoïsme est le plus grand obstacle au Ministère des tentes.

L'égoïsme est la principale raison pour laquelle beaucoup de personnes ne prennent pas part au Ministère laïc ou des tentes. La plupart des gens perçoivent en réalité la vie de manière égocentrique. Ils ne se soucient de personne d'autre qu'eux-mêmes. Ils sont absorbés par le petit monde qu'ils ont bâti autour d'eux. Le mot Égoïsme évoque l'égocentrique, le fait d'être préoccupé par soi, conscient de soi, de ne dépendre que de soi et de s'auto-satisfaire.

Une personne égoïste ne peut jamais servir le Seigneur. L'égoïsme vous pousse à penser à vous-même, mais le Ministère vous pousse à penser à des gens que vous ne connaissez même pas. L'apôtre Paul déplora ce phénomène. Il nota que tous les hommes cherchent leurs propres intérêts.

Il dit : « Personne ne se soucie des choses du Seigneur. »

Car je n'ai personne ici qui partage mes sentiments, pour prendre sincèrement à coeur votre situation ; tous, en effet, cherchent leurs propres intérêts, et non ceux de Jésus Christ.
Philippiens 2 : 20 21

Nous sommes égoïstes de nature, mais plus nous connaissons le Seigneur, moins nous sommes égoïstes. La stérilité de la plupart des Chrétiens résulte de l'esprit d'égoïsme.

Tant pis, s'ils vont en enfer ! Moi au moins, je vais au ciel. Tant pis, s'il y a un village quelque part où ils n'ont pas entendu l'évangile. Ma famille et moi au moins, nous allons bien. Tant pis, si quelqu'un est malade et couché dans un hôpital ! Moi au moins, je vais bien. Tant pis, s'il y a un prisonnier en train de croupir dans une prison ! Moi au moins, je suis libre !

Tel est l'esprit d'égoïsme qui agit dans l'église et chez les chrétiens.

Si Jésus était égoïste, Il n'aurait pas quitté Son trône de gloire pour venir dans ce monde pourri.

10. La paresse constitue un autre grand obstacle au Ministère des tentes.

La plupart des gens ne sont pas prêts à travailler pour qui que ce soit et encore moins à travailler sans être payé.

11. Faites preuve d'une grande sagesse lorsque vous exercez le Ministère des tentes.

Voici, je vous envoie comme des brebis au milieu des loups. Soyez donc prudents comme les serpents, et simples comme les colombes.

Matthieu 10 : 16

À cause de leur haine pour Dieu et pour le Ministère, beaucoup de gens aimeraient montrer du doigt quiconque se déclare pasteur.

Mais il y eut un homme d'entre les pharisiens, nommé Nicodème, un chef des Juifs, qui vint, lui, auprès de Jésus, de nuit, et lui dit : Rabbi, nous savons que tu es un docteur venu de Dieu ; car personne ne peut faire ces miracles que tu fais, si Dieu n'est avec lui.

Jean 3 : 1 2

Les gens sont toujours à l'affût de vos erreurs, au travail ou à l'école. Ils disent des choses du genre : « Je suis surpris qu'un pasteur fasse cela. Je ne savais pas que les pasteurs aussi venaient au travail en retard. »

Je me souviens lorsque je travaillais en tant que médecin au CHU de Korle Bu, le plus grand hôpital de mon pays. Je ne leur avais jamais dit que j'étais pasteur. Je savais qu'à la moindre occasion, ils s'en serviraient contre moi. Étant étudiant et pasteur, je ne leur avais même jamais dit que j'étais croyant. Je ne voulais pas qu'ils sachent quoi que ce soit à mon sujet.

C'est idiot d'aller annoncer au monde entier que vous êtes pasteur ou dirigeant chrétien. Jésus a dit que nous devons être prudents comme les serpents. Que signifie être prudent comme le serpent ? Quelle sagesse a le serpent ? Sa sagesse vient du fait qu'il peut tranquillement vivre au milieu de personnes qui le détestent.

Partout, le serpent est détesté et tué dès qu'il est aperçu, sans que l'on se pose la moindre question. Pourtant, les serpents pullulent autour de nous. Il existe des millions de serpents à travers le monde. Comment le serpent parvient-il à vivre et à se multiplier dans un monde qui le déteste absolument ? Grâce à sa discrétion, aux précautions qu'il prend, à son discernement, au secret, à sa prudence et sa circonspection !

12. Devenez un soutien financier en vous engageant dans le Ministère des tentes.

Je vous ai montré de toutes manières que c'est en travaillant ainsi qu'il faut SOUTENIR LES FAIBLES, et se rappeler les paroles du Seigneur, qui a dit lui-même : Il y a plus de bonheur à donner qu'à recevoir.
Actes 20 : 35

Étonnamment, une grande partie de l'aide financière que je reçois me vient de mes pasteurs laïcs. Très souvent, lorsqu'un appel de fonds spécial est lancé, ce sont mes pasteurs laïcs (ministres des tentes) qui me soutiennent le plus.

Quand vous êtes engagé dans le Ministère, vous en connaissez les besoins. Les ministres des tentes constituent un bon soutien pour toute église.

13. Le Ministère des tentes combat l'oisiveté dans l'Église

Nous apprenons, cependant, qu'il y en a parmi vous quelques-uns qui vivent dans le désordre, qui ne travaillent pas, mais qui s'occupent de futilités.
2 Thessaloniciens 3 : 11

Au bout de quelques années à l'église, les gens semblent connaître tous vos sermons. Quelle que soit l'astuce que vous utilisez, ils sont en mesure de voir à travers votre message et de savoir d'où il provient.

Je me souviens avoir prêché une puissante série à l'église. Les gens étaient vraiment bénis. Beaucoup firent des commentaires, disant que les services avaient été puissants. Puis, je reçus une note. Celle ci provenait d'un membre très ancien.

Il écrivit : « Cher pasteur, nous avons été immensément bénis par votre message de ce soir. » Il continua : « C'est exactement le même message que vous avez prêché il y a cinq ans. Vous n'avez fait que changer le titre. » Il poursuivit et cita les messages dont, selon lui, la série que j'étais en train de prêcher était tirée. Puis, pour me rassurer, il dit : « Mais nous avons quand même été très bénis, alors continuez ainsi ! »

Vous voyez, il est important que les chrétiens s'impliquent dans le Ministère, pour éviter de devenir des critiques, qui analysent et commentent des choses qu'ils ne comprennent même pas.

Éternel ! Je n'ai ni un coeur qui s'enfle, ni des regards hautains ; Je ne m'occupe pas de choses trop grandes et trop relevées pour moi.

Psaume 131 : 1

Du reste, mon fils, tire instruction de ces choses ; on ne finirait pas, si l'on voulait faire un grand nombre de livres.

Chapitre 11

Stérilité et implantation d'églises

Chaque fois que la stérilité est guérie, il s'ensuit une fécondité. La stérilité est la cause numéro un de l'absence d'implantation d'églises dans l'église chrétienne moderne. Mais Dieu veut que nous portions du fruit. Dieu veut que nous implantions des églises. Pour être fructueux, vous devez comprendre ce qu'est réellement la stérilité. Certains pasteurs sont stériles. Quoi qu'ils fassent, leurs ministères ne se développement jamais. C'est le problème que Dieu souhaite traiter dans nos églises.

Dans les quelques chapitres qui vont suivre, nous étudierons le concept de la stérilité spirituelle et la manière dont elle influence l'implantation d'églises. La stérilité est la cause première de la non implantation d'églises dans notre génération. Beaucoup d'activités et de programmes sont organisés, mais il y a peu ou pas d'implantation d'églises.

Au cours de cette étude, Dieu nous révélera les causes de stérilité dans nos vies, nos églises et nos ministères.

Plusieurs mots grecs et hébreux ont été traduits en français par « stérile » ou « stérilité ». Ces mots permettent de comprendre la notion de stérilité spirituelle et ministérielle. Étudions chacun de ces mots.

Cinq mots Hébreux

1. Aqar - (Genèse 11 : 30 ; Juges 13 : 2,3 ; Genèse 25 : 21 ; 1 Samuel 2 ; 5 ; Deutéronome 7 : 14)

Le mot « Aqar » signifie « destruction ou suppression des organes reproducteurs. » Il signifie également « avoir des organes qui ne fonctionnent pas, être stérile ou infécond. »

Ce mot est employé pour faire référence à des personnes telles que Sarah, Zelelponi, la mère de Samson, et Rebecca.

Il n'y aura dans ton pays ni femme qui avorte, ni femme STÉRILE (AQAR). Je remplirai le nombre de tes jours.

Exode 23 : 26

Les églises ou individus souffrant de stérilité « AQAR » sont déficients en ce qui concerne les aspects reproductifs du ministère. Cela signifie qu'ils sont déficients en ce qui concerne l' « évangélisation » et « la production de fruit » par l'église. Ils sont incapables de donner naissance à d'autres églises. De telles églises ont beaucoup d'activités, mais les programmes qui génèrent de nouvelles églises sont inexistants.

Tout ministre doit prendre en compte l'aspect « évangélisation » de son ministère. Organisez-vous des croisades ? Implantez-vous de nouvelles églises ? L'absence de croisades, de rencontres autour d'un petit déjeuner, de campagnes d'évangélisation et d'implantation d'églises traduit une déficience de la fonction reproductive de votre ministère. Les personnes stériles reçoivent aussi la Parole et ont probablement les prédications audio. Il se peut même qu'elles participent à d'autres activités de l'église. On les voit dans les réunions de prière et elles « s'engraissent » spirituellement.

Pourtant, de telles personnes ne prennent pas part à l'implantation d'églises ou aux activités d'évangélisation pour gagner des âmes. Leurs organes reproducteurs spirituels sont défectueux.

2. Shakol - (Levitique 26 : 22, 2 Rois 2 : 19, Deutéronome 32 : 25)

Ce mot signifie « faire une fausse couche, subir un avortement, perdre ses enfants, être stérile, avorter, être sans enfants et être privé d'enfants. »

J'enverrai contre vous les animaux des champs, qui vous PRIVERONT DE VOS ENFANTS (SHAKOL), qui détruiront votre bétail, et qui vous réduiront à un petit nombre ; et vos chemins seront déserts.

Lévitique 26 : 22

Ces églises ou ministres sont incapables de garder les âmes que Dieu leur donne. Comme vous pouvez le voir, ils avortent constamment. De tels ministres ne peuvent soutenir la croissance et sont incapables d'avancer dans les choses que Dieu leur donne.

Beaucoup d'églises reçoivent un grand nombre de visiteurs et même de convertis. Vous devez faire en sorte de garder ces convertis. Vous devez vous assurer que vos visiteurs reviennent. Je prie toujours pour mes membres. « Seigneur, permets qu'ils reviennent à l'église, et qu'ils amènent avec eux un plus grand nombre de personnes. » Ce genre de prière neutralise la stérilité « SHAKOL ». Je prie que chaque membre devienne un ministre et que chaque ministre donne naissance à une église.

Une autre raison pour laquelle ces églises sont incapables de se multiplier, c'est qu'elles attaquent leurs jeunes leaders. Elles tuent le sang frais. Les dirigeants ne permettent pas aux non-conformistes de fleurir autour d'eux. L'onction collective est plus grande que l'onction individuelle. Vous devez laisser les jeunes leaders et pasteurs se développer dans le cadre de votre ministère. La croissance la plus rapide se produit toujours lorsque plusieurs ministres travaillent ensemble.

3. Melechah - (Psaume 107 : 34 ; Jérémie 17 : 6)

Ce mot signifie « terre salée, désert ou terre stérile ». Il évoque une « absence de produits et de vie ». La terre ne produit pas la moindre espèce de semence.

Les personnes souffrant de « MELECHAH » sont des terres salées, spirituellement parlant. Quoi que l'on y mette, elles sont incapables de porter du fruit. Elles sont incapables de faire germer des semences.

Un coup d'œil jeté sur toute congrégation permet d'y remarquer plusieurs « terres salées ». Que Dieu ait pitié de nous ! Elles sont dans l'église depuis plusieurs années et ont entendu beaucoup de sermons. Elles ont été ointes et on a prié pour elles de manière spéciale, mais elles ne portent toujours pas de fruit. On investit beaucoup en elles, mais on attend très peu de ces terres salées.

Il existe également des églises salées. Quel que soit l'investissement qu'on y fait, l'église ne grandit pas. Aucune nouvelle église n'est implantée à partir d'elle. Tant que la terre salée ne sera pas guérie, elle ne portera pas de fruit.

Il est comme un misérable dans le désert, Et il ne voit point arriver le bonheur : il habite les lieux brules du désert, UNE TERRE SALÉE (MELECHAH) et sans habitants.

Jérémie 17 : 6

Un pasteur qui est une terre salée n'engendre pas d'autres pasteurs de son espèce. Il reste dans l'église dont il est le pasteur, mais ne peut générer d'autres pasteurs. Sortez de l'état salé et commencez à penser à donner naissance à un plus grand nombre d'églises.

Je me souviens de l'histoire d'une église qui n'arrivait pas à grandir. Quoi qu'il s'y passât et que l'on y prêchât, il n'y avait aucune percée. Un jour, alors qu'il s'attendait au Seigneur, un pasteur en visite eut une vision. Au plafond, il vit un démon assis au-dessus de la congrégation. Ce mauvais esprit influençait grandement l'église depuis plusieurs années. Dieu avait ouvert les yeux du pasteur pour qu'il voie le « sel » qui rendait l'église stérile. Il se chargea du mauvais esprit et lui ordonna de s'en aller. Après cette expérience, l'église commença à croître à pas de géant. Je suis convaincu qu'il y a de vraies situations salées qui ont besoin de la guérison de Dieu. Je vois Dieu enlever la salinité de votre vie, votre église et votre ministère !

4. Otser - (Proverbes 30 : 16)

Ce mot hébreu signifie « cloîtrer, retenir et conserver. » Il signifie également « fermer, restreindre, garder. » En outre, il signifie « se taire, retenir et stopper ».

Le séjour des morts, la femme STERILE (OTSER), La terre, qui n'est pas rassasiée d'eau, Et le feu, qui ne dit jamais: Assez !

Proverbes 30 : 16

Les personnes atteintes de ce genre de stérilité se retiennent intentionnellement. Elles savent beaucoup, mais elles se retiennent et refusent d'être fructueuses. Les pasteurs atteints de stérilité « OTSER » ont les moyens financiers et l'onction permettant d'implanter des églises. Pourtant, ils investissent leur force dans d'autres choses telles que des orphelinats, des écoles et des œuvres sociales. Certains d'entre eux sont surtout soucieux d'être influents sur le plan politique et acceptés par la Société. L'impulsion qui permet d'implanter des églises est restreinte.

De telles personnes peuvent faire beaucoup de choses pour le Seigneur, mais elles sont restreintes et retiennent leurs talents. Ce sont souvent des personnes expérimentées dans le Seigneur qui pourraient faire plus pour Jésus.

Souvent, elles ont décidé de consacrer leur force et leurs talents à autre chose. Dans votre congrégation, vous remarquerez des personnes qui dirigent des associations d'anciens élèves ou même des groupes politiques. Ils ont du temps pour la politique, le football, des MBA, des doctorats et d'autres activités. Mais quand il s'agit de l'œuvre de Dieu, elles se ferment et se restreignent. Elles sont réservées quand il s'agit de prière et d'adoration, mais très bruyantes quand il s'agit de discuter de politique et d'autres questions. Ce sont ces personnes qui souffrent d'« OTSER ».

5. Tsiyah - (Ésaïe 41 : 18 ; Psaume 63 : 1)

Ce mot évoque le dessèchement et la stérilité. Il évoque « la sécheresse, une terre desséchée et le désert. »

Je ferai jaillir des fleuves sur les collines, Et des sources au milieu des vallées ; Je changerai le désert en étang, Et la TERRE ARIDE (TSIYAH) en courants d'eau ;

Ésaïe 41 : 18

Ce genre d'église a souvent un esprit aride. Il s'agit d'un désert dépourvu d'adoration, de prière et de mains élevées. De tels églises et individus sont très séculiers et logiques dans l'approche qu'ils ont de la vie et du ministère. L'aridité spirituelle et l'absence d'adoration sont une réelle cause de stérilité.

L'introduction de nouveaux chants d'adoration permet souvent de combattre ce genre de stérilité. Parfois, le fait de changer la personne qui conduit l'adoration apporte un grand changement dans l'église. Changer le dirigeant de votre chorale et le type de chants interprétés par votre chorale peut avoir un grand impact sur l'église. Peut-être que l'implantation d'églises commencerait si la chorale interprétait des chants sur le gain d'âmes et l'évangélisation. N'attendez pas une éternité pour effectuer les changements qui s'imposent.

Deux mots grecs

1. Steiros - (Luc 1 : 7, 36 ; Luc 23 : 29 ; Galates 4 : 27)

Ils n'avaient point d'enfants, parce qu'Élisabeth était STÉRILE (STEIROS) ; et ils étaient l'un et l'autre avancés en âge. Voici, Élisabeth, ta parente, a conçu, elle aussi, un fils en sa vieillesse, et celle qui était appelée stérile est dans son sixième mois.

Luc 1 : 7, 36

Ce mot signifie « être rigide et manquer de naturel ». Il évoque l'infécondité et la stérilité. Le mot « rigidité » évoque des personnes insoumises et désobéissantes à la Parole de Dieu. Quiconque désobéit à la Parole de Dieu deviendra stérile. De telles personnes aiment avoir l'air distingué et diplomatique. Elles prétendent parfois être spirituelles, mais ne le sont pas en réalité.

Dans les églises, ces personnes non spirituelles et rigides s'assoient parfois au premier rang. Cela peut empêcher la croissance et susciter l'atmosphère « STEIRAS » qui ne perme pas la croissance. Vous remarquerez que les églises qui s'accroissent sont remplies de personnes gaies, exubérantes et joyeuses, qui dansent et louent le Seigneur. Il est temps de relever les « congélateurs » des postes importants que nous leur avons confiés. L'église n'est pas un endroit où l'on vient se faire voir.

2. Argos - (2 Pierre 1 : 8)

Ce mot signifie « inactif, au chômage, paresseux et inutile ». Il évoque également le fait d' «être oisif, lent et stérile ». Chose surprenante, la paresse est une des principales causes d'improductivité dans le ministère. Les personnes paresseuses sont inactives dans l'église. Leur paresse les empêche d'être utiles au Seigneur.

Car si ces choses sont en vous, et y sont avec abondance, elles ne vous laisseront point OISIFS NI STÉRILES (ARGOS) pour la connaissance de notre Seigneur Jésus Christ.

2 Pierre 1 : 8

Malheureusement, l'église compte une multitude de personnes spirituellement inactives. Pour en finir avec ce type de stérilité, il est important de prêcher sur le zèle. Il est important d'enseigner à la congrégation qu'elle doit gagner des âmes pour le Seigneur.

Du reste, mon fils, tire instruction de ces choses ; on ne finirait pas, si l'on voudrait faire un grand nombre de livres.

Chapitre 12

Comment diagnostiquer la stérilité

Il est important de diagnostiquer la stérilité lorsqu'elle existe dans le ministère. Diagnostiquer un problème permet souvent de le résoudre. Même en médecine, 80 % de nos problèmes sont résolus une fois qu'un diagnostic a été établi.

Beaucoup de ministères sont sous l'influence d'un esprit de stérilité. Beaucoup de pasteurs ignorent qu'ils pourraient atteindre un niveau de productivité plus élevé. Dans le présent chapitre, je vous indiquerai les signes qui doivent être recherchés dans le ministère.

Si Jésus se tenait près de vous, Il vous dirait ceci :

SI VOUS PORTEZ BEAUCOUP DE FRUIT, c'est ainsi que mon père sera glorifié, et que vous serez mes disciples.

Jean 15 : 8

Comment diagnostiquer la stérilité dans l'église

Un moyen de diagnostiquer la stérilité, c'est d'en chercher les définitions dans un dictionnaire. En appliquant ces définitions à votre église, vous saurez si vous êtes stérile ou non. Dieu vous montrera si votre église est sous l'influence d'un esprit de stérilité.

Regardons maintenant les définitions du mot « stérilité » dans un dictionnaire, et voyons comment elles s'appliquent au ministère.

Vingt définitions du mot stérilité

1. Être stérile signifie être infructueux.
2. Être stérile signifie être infécond.

3. Être stérile signifie être sans enfant, sans héritier et sans descendance.
4. Être stérile signifie être improductif.
5. Être stérile signifie avoir une production insuffisante.
6. Être stérile signifie ne pas concevoir du tout ou ne pas produire du tout.
7. Une personne stérile est une personne qui produit en très petite quantité.
8. Une terre stérile est une terre desséchée.
9. Un arbre stérile ne produit pas les fruits qu'il devrait normalement produire.
10. Le mot stérilité évoque la désolation.
11. Être stérile signifie être en diminution.
12. Être stérile signifie être déserté.
13. Le mot stérilité évoque la sécheresse.
14. Une chose stérile peut être décrite comme n'étant pas abondante.
15. Une terre stérile est une terre qui produit peu.
16. La stérilité équivaut parfois à de l'insipidité.
17. Un individu stérile ne produit pas selon son espèce.
18. La stérilité évoque le fait de vouloir ou d'avoir besoin du pouvoir de conception.
19. Les endroits stériles sont appauvris.
20. Les endroits stériles ne peuvent être labourés.

Voyons maintenant quels sont les symptômes de la stérilité dans le contexte de l'église. Examinez votre ministère et voyez s'il souffre de stérilité.

La stérilité dans l'église

On peut dire que l'église souffre de stérilité si l'on y relève l'un des signes ci-après :

1. Le nombre de vos membres n'augmente pas.

2. Il n'y a pas de nouveaux convertis ou le nombre de nouveaux convertis n'augmente pas.
3. Le nombre de personnes venant à l'église n'augmente pas.
4. Le nombre de vos employés à plein temps n'augmente pas.
5. Aucun baptême n'est célébré/le nombre de baptisés ne s'accroît pas.
6. Il n'y a ni guérisons, ni miracles.
7. Le nombre de responsables de l'église n'augmente pas.
8. La connaissance de Dieu n'augmente pas.
9. Les relations ne s'approfondissent pas.
10. Le nombre de visions et de rêves donnés par le Saint-Esprit ne s'accroît pas ou il n'y en a aucun.
11. L'envoi de missionnaires n'est pas prévu / le nombre de missionnaires envoyés n'augmente pas.
12. Les moyens financiers de l'église n'augmentent pas.
13. Le nombre de passages bibliques que vous connaissez n'augmente pas.
14. Votre expérience du ministère n'augmente pas.
15. Il n'y a pas d'activité d'évangélisation dans l'église / leur nombre n'augmente pas.
16. La durée et la profondeur de vos prières n'augmentent pas / vous ne priez pas du tout.
17. Le nombre de défis à relever et de montagnes à franchir n'augmente pas.
18. Vous n'aspirez pas à une plus grande vision.
19. Votre compréhension n'augmente pas.
20. Le nombre de groupes de partage et de branches n'augmente pas.

Une fois le problème diagnostiqué, recevez la prophétie du Seigneur concernant votre ministère. Croyez que ces paroles s'accompliront dans votre vie.

RÉJOUIS-TOI, STÉRILE, toi qui n'enfantes plus ! Fais éclater ton allégresse et ta joie, toi qui n'as plus de douleurs ! Car les fils de la délaissée seront plus nombreux que les fils de celle qui est mariée, dit L'ÉTERNEL.

ÉLARGIS L'ESPACE DE TA TENTE ; Qu'on déploie les couvertures de ta demeure : Ne retiens pas ! ALLONGE TES CORDAGES, Et affermis tes pieux ! CAR TU TE REPANDRAS A DROITE ET A GAUCHE ; Ta postérité envahira des nations, et peuplera des villes désertes.

NE CRAINS PAS, CAR TU NE SERAS POINT CONFONDUE ; Ne rougis pas, car tu ne seras pas déshonorée ; Mais tu oublieras la honte de ta jeunesse, et tu ne te souviendras plus de l'opprobre de ton veuvage.

Car ton créateur est ton époux : L'ÉTERNEL des armées est son nom ; Et ton rédempteur est le Saint d'Israël : Il se nomme Dieu de toute la terre ; Car l'Éternel te rappelle comme une femme délaissée et au coeur attristé, Comme une épouse de la jeunesse qui a été répudiée, dit ton Dieu.

Quelques instants je t'avais abandonnée, Mais AVEC UNE GRANDE AFFECTION JE T'ACCUEIL-LERAI ; Dans un instant de colère, je t'avais un moment dérobé ma face, Mais avec un amour éternel J'AURAI COMPASSION DE TOI, Dit ton rédempteur, l'Éternel.

Ésaïe 54 : 1-8

Du reste, mon fils, tire instruction de ces choses ; on ne finirait pas, si l'on voulait faire un grand nombre de livres.

Chapitre 13

Comment combattre différentes sortes de stérilité

Combattre la stérilité due à la vieillesse

Saraï n'avait pas d'enfant, elle était stérile.

Genèse 11 : 30
(*Bible en français courant*)

Saraï, femme d'Abram, ne lui avait point donné d'enfants. Elle avait une servante Égyptienne, nommée Agar. Et Saraï dit à Abram : Voici, l'Éternel m'a rendue stérile; viens, je te prie, vers ma servante; peut-être aurai-je par elle des enfants.

Abram écouta la voix de Saraï. Alors Saraï, femme d'Abram, prit Agar, l'Égyptienne, sa servante, et la donna pour femme à Abram, son mari, après qu'Abram eut habité dix années dans le pays de Canaan. Il alla vers Agar, et elle devint enceinte. Quand elle se vit enceinte, elle regarda sa maîtresse avec mépris.

Genèse 16 : 1-4

Nous connaissons tous l'histoire d'Abraham et de Sara. Sara pourrait être considérée comme une sorte d'église. Elle pourrait également être considérée comme une sorte de ministre. Sara pourrait être assimilée à un pasteur qui ne porte pas autant de fruit qu'il le devrait. Sara pourrait être assimilée à une église désertique, sans vie.

1. **Ne transférez pas la responsabilité d'évangéliser et d'implanter des églises à quelqu'un d'autre.**

Le pasteur doit amener la congrégation à gagner les âmes et à porter du fruit. Selon Genèse 16 : 1-2, Sara transféra la responsabilité de mettre des enfants au monde à quelqu'un d'autre. C'était un moyen pour elle de vaincre sa stérilité. La méthode qu'elle employa pour vaincre sa stérilité n'était pas la bonne.

2. Ne rejetez pas les paroles prophétiques.

Elle rit en elle-même, en disant : Maintenant que je suis vieille, aurais-je encore des désirs ? Mon seigneur aussi est vieux.

Genèse 18 : 12

Les messages prophétiques peuvent faire une différence dans votre ministère. Croyez au Seigneur et vous serez établi. Croyez en Ses prophètes et vous prospérerez. Sara rit lorsqu'elle entendit la prophétie au sujet d'Isaac. Laissez Dieu vous visiter à travers les révélations, les rêves et les paroles.

Il y a des années, j'ai reçu un message d'un prophète. Il me vit portant un flambeau, un grand nombre de personnes à ma suite. Il me donna ce message en 1980. Vingt-quatre années ont passé et cette prophétie reste présente dans mon cœur comme une vision réelle. Elle m'a encouragé à faire l'œuvre de Dieu lorsque j'étais étudiant. Elle m'a encouragé à continuer dans le ministère même après mes études.

3. Croyez en Dieu, en Ses prophètes et en la prédication de Sa Parole.

Dieu dit à Abraham : Tu ne donneras plus à Saraï, ta femme, le nom de Saraï ; mais son nom sera Sara.

Genèse 17 : 15

Suivez votre appel. Vous devez vaincre les plus grands ennemis de la marche de la foi. Marcher dans la peur et l'intimidation ne vous permettra pas d'être productif dans le ministère.

4. Suivez les étapes pratiques qui mènent à la productivité, même si vous avez l'impression que cela doit être fait par des plus jeunes.

Sara devint enceinte, et elle enfanta un fils à Abraham dans sa vieillesse, ... Abraham donna le nom d'Isaac au fils qui lui était né...

Genèse 21 : 2-3

Décidez de redevenir juvénile, zélé, émotif, captivant, énergique et aventureux. Cela brisera le sort et la malédiction de la stérilité dont souffre votre ministère. Sarah eut des relations sexuelles avec son époux à l'âge de quatre-vingt-dix ans. Quelle que soit la prophétie faite à votre sujet, vous aurez toujours des choses concrètes à faire. Isaac n'a pas été conçu de manière surnaturelle comme Jésus. Il fut conçu par la voie normale, qui consiste à avoir des relations sexuelles. Sarah dut se dévêtir et se comporter comme une jeune femme énergique face à son jeune époux. Abraham et Sarah durent mener une vie sexuelle heureuse à l'âge de quatre-vingt-dix ans. Imaginez une femme ménopausée de quatre-vingt-dix ans se comportant comme une jeune et belle épouse !

Certains ministres se comportent et pensent comme des personnes trop âgées. Le ministère a besoin d'un certain degré de juvénilité. La juvénilité est nécessaire pour être productif.

Combattre la stérilité liée à la familiarité

La familiarité est le plus grand obstacle à l'onction. Elle interrompt le flot d'onction nécessaire à l'implantation et la croissance d'églises. Le Ministère est quelque chose de spirituel et lorsque les principes spirituels sont écartés, il se dessèche et devient stérile.

Mikal représente une sorte de ministère stérile. Elle souffrait de familiarité par rapport à son mari et en devint stérile. Beaucoup de personnes sont stériles dans le ministère en raison d'une trop grande familiarité par rapport à l'homme de Dieu.

> **David rentra chez lui pour saluer les siens. Mais Mikal sortit au-devant de lui et lui dit : « Qu'il était glorieux, aujourd'hui, le roi d'Israël, lorsqu'il s'est donné en spectacle devant les servantes de ses serviteurs, à moitié nu comme le ferait un homme de rien ! »**
> **David lui répondit : « C'est en l'honneur du Seigneur que j'ai agi ainsi, lui qui m'a choisi, de préférence à ton père et à toute sa famille, pour faire de moi le chef**

d'Israël son peuple ; et je manifesterai encore ma joie en son honneur.

Je m'abaisserai, je m'humilierai encore plus à mes propres yeux, mais c'est ainsi que je serai glorieux, même pour les servantes dont tu parlais. » Mikal, fille de Saül, n'eut pas d'enfant jusqu'à sa mort.

2 Samuel 6 : 20-23
(Bible en français courant)

Sept choses que chacun devrait savoir au sujet de la familiarité

1. Par « familiarité », on entend le fait de très bien connaître quelqu'un ou quelque chose, au point d'en perdre son admiration, son respect et sa révérence. Ce mot comporte également l'idée que l'on devient présomptueux, si sûr de soi que cela se traduit par un manque de respect.
2. C'est la familiarité qui fut à l'origine de la stérilité de Mikal.
3. La familiarité demeure la cause de la stérilité spirituelle chez les chrétiens d'aujourd'hui.
4. La familiarité est le plus grand obstacle qui nous empêche de recevoir la puissance de Dieu au travers d'hommes de Dieu.
5. Quelle que soit la taille du don de Dieu, celui-ci est neutralisé par la familiarité. Jésus fut le plus grand des guérisseurs et des enseignants, mais Son onction fut neutralisée par la présence de personnes familières.

Jésus partit de là, et SE RENDIT DANS SA PATRIE. Ses disciples le suivirent. Quand le sabbat fut venu, il se mit à enseigner dans la synagogue. Beaucoup de gens qui l'entendirent étaient étonnés et disaient : D'où lui viennent ces choses ? Quelle est cette sagesse qui lui a été donnée, et comment de tels miracles se font-ils par ses mains ? N'EST-CE PAS LE CHARPENTIER, le fils de Marie... Et il était pour eux une occasion de chute.

IL NE PUT FAIRE LÀ AUCUN MIRACLE, si ce n'est qu'il imposa les mains à quelques malades et les guérit.

Marc 6 : 1-3,5

Ce passage nous montre que Jésus ne put faire aucun miracle dans sa patrie. Les gens le connaissaient trop bien pour Le recevoir comme Fils de Dieu. Ils posaient des questions sur Ses parents, Sa famille et Son passé.

6. Moïse, qui faisait apparaître une colonne de feu la nuit et une colonne de nuée le jour, ne pouvait impressionner sa propre sœur, Myriam. Elle le critiqua au sujet de son mariage et en paya le prix. Mon cœur est souvent fermé aux personnes qui me sont familières. Je ne vais tout simplement pas vers elles. Je peux presque deviner les questions que se posent les personnes qui souffrent de familiarité.

7. La familiarité trace un chemin de ministère pour les personnes ointes. Elle les éloigne de leurs collègues, amis et parents. Elle les conduit vers les personnes non familières, les pauvres et les laissés pour-compte. C'est à ce moment qu'arrivent des étrangers. Ils viennent souvent remplacer les personnes devenues trop familières avec les personnes ointes.

Quatre groupes de personnes souvent atteintes de familiarité

1. Les collègues

Ce sont souvent les personnes qui vous connaissent très bien qui souffrent de familiarité. Lorsque j'ai créé mon église à l'époque où j'étais étudiant en médecine, seul un petit nombre de mes camarades pouvaient recevoir de moi. Ils me connaissaient trop bien et pensaient dans leur cœur : « Mais, c'est Dag ! On le connaît, on sait quelle est sa promo ! On l'a vu souffrir à un examen la semaine dernière. On sait quand il passe et quand il échoue ! Comment quelqu'un d'aussi grand et maigre peut s'appeler pasteur ? »

2. Les parents

Les parents souffrent aussi de familiarité. Ils disent : « Mais, c'est le fils d'Azoyzoy (surnom de mon père) ! On l'a porté quand il était bébé. »

Ils demandent : « Tu te souviens de moi ? Je t'ai porté lorsque tu avais deux ans. »

Ils disent : « Je connaissais très bien ton père. »

Dans ces circonstances, comment de telles personnes peuvent elles me recevoir comme un homme de Dieu ?

3. Les épouses de pasteurs

Les épouses de pasteurs souffrent souvent d'une forme grave de familiarité. Comme Mikal, alors que tout le monde est impressionné, elles ne sont pas impressionnées par leurs époux. Elles disent des choses telles que : « Je te connais », « Je te connais mieux que personne », « Je suis la seule à pouvoir te dire certaines choses ! » « Je ne suis pas de ceux qui chantent tes louanges et te disent « oui » au bureau ! », « Si les gens savaient vraiment qui tu es, ils seraient surpris », « Personne ne sait qui tu es réellement ! »

Dans un sens, elles ont raison. Mais elles n'en souffrent pas moins de familiarité !

4. Les amis proches et les associés

Ces personnes souffrent également de familiarité. Elles sont près de vous depuis si longtemps qu'elles connaissent toutes vos vicissitudes. Il est facile de glisser et de tomber dans la familiarité. Parfois, il vaut mieux ne pas approcher une personne de trop près pour éviter de tomber dans la familiarité.

La familiarité engendre la déloyauté. La familiarité créa Judas. Il est dit de Judas qu'il était « celui-là même avec qui j'étais en paix. » Quand une personne vous est familière, elle perd son respect et dépasse des limites qu'elle ne devrait jamais dépasser. La familiarité pousse les gens à dire des choses qu'ils ne devraient jamais dire.

Lorsque Mikal critiqua David, elle se comporta comme une rebelle combattant l'oint de Dieu et s'opposant à lui. Elle se mit à critiquer « l'homme selon le cœur de Dieu. » David avait bâti le tabernacle, mais cela ne l'impressionnait pas. Dieu appelait David « l'homme selon mon cœur », mais elle, une simple mortelle, le méprisait. Imaginez que Dieu est impressionné, et vous, non. Étonnant, n'est-ce pas ?

La familiarité est souvent suscitée par la jalousie et le fait d'être charnel. Mikal était jalouse des filles qui semblaient apprécier le ministère de David. Que David semblât impressionné par ces jeunes farfelues qui lui tournaient autour lui déplaisait.

David s'en retourna pour bénir sa maison, et Mical, fille de Saül, sortit à sa rencontre. Elle dit : QUEL HONNEUR AUJOURD'HUI POUR LE ROI d'Israël de s'être découvert aux yeux des servantes de ses serviteurs, comme se découvrirait un homme de rien !

2 Samuel 6 : 20

Lorsque Myriam critiqua Moïse, elle ne le voyait plus comme l'oint de Dieu. Elle agit par la chair et se transforma en rebelle déloyale.

Marie et Aaron parlèrent contre Moïse au sujet de la femme éthiopienne qu'il avait prise, car il avait pris une femme éthiopienne.

Nombres 12 : 1

Judas fut le plus grand des traîtres. Il paya le prix suprême pour s'être laissé tromper par la familiarité.

Celui-là même avec qui j'étais en paix, Qui avait ma confiance et qui mangeait mon pain, Lève le talon contre moi.

Psaume 41 : 9

La connaissance sans expérience

Il est arrivé à différents moments de ma vie que différentes personnes se rapprochent de moi. Les circonstances peuvent parfois amener les gens à côtoyer de près l'homme de Dieu. Dans de telles circonstances, la personne est sujette à l'esprit de familiarité. Il faut de la discipline spirituelle pour ne pas tomber dans la familiarité. J'ai vu dans ma vie et mon ministère comment les gens pouvaient devenir trop familiers dès que la moindre occasion leur était donnée. Permettez-moi de vous rappeler la signification du mot « familiarité ».

Par « familiarité », on entend le fait de « très bien connaître quelqu'un ou quelque chose, au point d'en perdre son admiration, son respect et sa révérence ». Ce mot comporte également l'idée que l'on devient présomptueux, si sûr de soi que cela se traduit par un « manque de respect ».

Un jour, une jeune femme eut un problème dans son foyer. Son époux lui dit : « Je vais te dénoncer à l'Évêque. »

Elle répondit : « Je m'en fiche. Lui aussi a des problèmes. »

Cela me fit sourire quand on m'en informa. Je savais que c'était la familiarité qui était en cause. Peut-être avais-je eu tort de laisser cette personne passer quelques nuits chez nous. À une autre occasion, une autre parente qui avait passé quelques jours avec notre famille avait des problèmes. Je lui prodiguai quelques conseils qu'elle sembla comprendre. Elle me remercia et semblait satisfaite.

Mais plus tard, j'appris qu'elle avait dit que j'étais un homme de savoir et non d'expérience. Ce qu'elle entendait par là, c'était que je n'avais aucune expérience du genre de problème qu'elle rencontrait et que mes conseils étaient par conséquent théoriques.

Je pensai : « Aujourd'hui je suis devenu un homme de savoir sans expérience. C'est seulement parce que j'ai permis à cette personne de se rapprocher de ma famille et de moi qu'elle a le culot de tenir de tels propos. »

Parfois, il vaut mieux connaître une personne de loin, afin de pouvoir continuer à recevoir de son ministère. S'il y a trop de familiarité entre votre pasteur et vous, vous pouvez facilement le voir comme un homme de savoir inexpérimenté.

Évaluez votre degré de familiarité

Votre relation avec un homme de Dieu est-elle en train de devenir familière ? Les signes ci-après vous permettront de déterminer votre degré de familiarité. Souvenez-vous que la familiarité est la manière la plus sûre d'anéantir l'onction. Elle est la manière la plus sûre de neutraliser la puissance du don de Dieu.

Douze signes de familiarité

1. Le fait de souvent s'asseoir à l'arrière de l'église

La familiarité, c'est lorsque le pasteur et sa prédication ne vous intriguent plus et ne suscitent plus votre enthousiasme. Vous ne prenez plus la peine de vous rapprocher. Les personnes familières s'asseyent à l'arrière et observent de loin.

Un jour, j'assistai à une conférence de Kenneth Hagin à Tulsa dans l'Oklahoma. Lorsque j'arrivai dans le hall, les placeurs essayèrent de me faire asseoir à l'arrière.

Je pensai : « Comment puis-je m'asseoir au fond de la salle alors que Kenneth Hagin prêche ? Je veux être le plus près possible ! » Je négociai avec le placeur et je réussis même à me faire un ami.

Je lui dis : « Monsieur, vous ne pouvez pas imaginer d'où je viens. »

Je poursuivis : « J'ai parcouru plusieurs milliers de kilomètres en avion pour être ici aujourd'hui. Il faut que je sois le plus près possible. Pour rien au monde je n'irai au balcon, ni même à l'arrière. »

Il sembla comprendre et je finis par obtenir satisfaction. Chose incroyable, je réussis à m'asseoir à la seconde rangée. J'étais si excité lorsque Kenneth Hagin passait près de mon siège pendant qu'il prêchait. Vous savez, lorsque vous êtes familier, voir un homme de Dieu de près ou de loin ne fait aucune différence.

Plus tard, je m'entretins avec le principal de leur École biblique. Je lui demandai s'ils rencontraient des problèmes avec leurs étudiants. À mon étonnement, ils en rencontraient. Leur principal problème était la familiarité. Il me dit : « Certains étudiants n'assistent pas à des conférences importantes comme celle-ci. » Il regretta : « C'est un grand prophète et les gens viennent du monde entier pour l'entendre. Mais ici, il y a des étudiants qui ne prennent pas la peine de traverser la route pour venir à l'église. »

Vous voyez, la familiarité engendre le mépris. La familiarité, c'est le fait de très bien connaître quelqu'un. Elle vous fait perdre votre admiration et votre respect.

2. Bâiller

Le bâillement est souvent signe d'ennui. Une personne familière est présomptueuse et présume souvent de manière arrogante qu'elle sait ce qui sera dit. Souvent, les personnes qui bâillent pendant la prédication de la Parole pensent : « Je connais ce sermon, je sais ce qu'il va dire. Je connais le fil de la pensée. Cet homme n'a rien de nouveau à dire ». Pardonne !

3. Dormir pendant la prédication

Le sommeil est souvent une conséquence de la fatigue. Mais il arrive que l'on s'endorme à cause de la monotonie ou parce que l'on s'ennuie. Quand l'homme de Dieu ne vous intrigue plus, il se peut que vous vous endormiez pendant qu'il prêche.

4. Ne pas acheter / écouter les messages

Quand une personne écoute des cassettes de prédication, cela signifie que la voix du pasteur ne lui est pas devenue familière. Elle voit en cela une opportunité d'être constamment bénie par le pasteur quand il est absent. Vous êtes-vous demandé pourquoi vous n'achetez plus de messages audio ? Il se pourrait que ce soit à cause de la familiarité.

5. Ne pas acheter ni lire les livres écrits par votre homme de Dieu

J'ai remarqué que les gens viennent de loin pour acheter mes livres. Il est arrivé que des gens parcourent plusieurs kilomètres pour acquérir et dévorer de larges quantités de mes livres et cassettes. Mais chose surprenante, les membres de ma propre église passent souvent près de ces mêmes livres et cassettes et préfèrent s'acheter des tourtes à la viande et une bouteille de Coca-Cola. La familiarité vous fait perdre votre émerveillement et intérêt.

6. Discuter du passé de l'homme de Dieu

Tout homme de Dieu est en réalité « un homme ». Compte tenu de cela, il vit tout ce que vivent les hommes. Dieu n'a jamais choisi un homme qui avait une vie parfaite. Cet homme a un passé ! Il a une famille. Il a des défauts. Il a un mariage imparfait. Il a des problèmes comme tout le monde. Il suffit de choisir un aspect de sa vie naturelle pour le neutraliser. Parler de l'homme de Dieu d'une manière naturelle est un signe infaillible qu'il ne vous fascine plus. C'est un moyen sûr d'annuler l'effet de l'onction qui repose sur votre homme de Dieu.

Thumos et explesso

Lorsque Jésus prêcha dans Sa ville natale, les Écritures disent dans Luc 4 : 28 qu' « Ils furent tous remplis de colère… lorsqu'ils entendirent ces choses. » Le mot grec rendu en français par « colère » est « THUMOS ». Il signifie un mécontentement naissant et grandissant dans l'esprit. Il évoque la fureur, l'indignation (comme si l'on haletait) et la colère. Les personnes familières étaient en colère à cause du sermon de Jésus.

Mais lorsqu'Il prêcha en Galilée, selon Luc 4 : 32 « On était frappé de Sa doctrine «. Le mot « frappé » est une traduction du mot grec « EKPLESSO », qui signifie être ébahi, stupéfait et terrifié.

Notez que seuls quatre versets séparent les mots THUMOS et EKPLESSO. Notez également qu'il y eut un THUMOS à Nazareth, la ville natale de Jésus. C'est en Galilée qu'il y eut un EKPLESSO, à deux cents kilomètres environ de Nazareth, ville natale de Jésus.

7. Discuter des problèmes familiaux de l'homme de Dieu

> **N'est-ce pas le charpentier, le fils de Marie, le frère de Jacques, de Joses, de Jude et de Simon ? et ses soeurs ne sont-elles pas ici parmi nous ? Et il était pour eux une occasion de chute.**
>
> **Marc 6 : 3**

Quand vous faites cela, vous vous empêchez de recevoir le miracle de Dieu pour votre vie. Lorsque Jésus se rendit dans Sa ville natale, il y eut un long débat sur qui Il était vraiment. Quelqu'un dit : « Je connais ce garçon, c'est mon neveu. Lui et Son père ont réparé mes placards et mes armoires pendant des années. »

Jésus ne put faire que peu de miracles à cause du haut degré de familiarité et du doute présent dans la ville. Ne laissez pas la familiarité vous voler votre bénédiction.

8. Trouver des fautes et les amplifier

Quand on pense à un grand homme de Dieu qu'on respecte, on ne pense pas souvent à ses fautes. Quand un prédicateur vient en visite, personne ne se demande s'il est impatient ou se met facilement en colère. Personne ne se demande s'il est endetté ou s'il mène un train de vie extravagant. On se contente de recevoir son ministère.

Mais quand un homme de Dieu nous est familier, on pense : « Il doit être en colère aujourd'hui. Cet homme n'est pas patient. » Pendant qu'il est en train de prêcher, on se dit : « J'ai compris ce qu'il dit. Pourquoi ne passe-t-il pas au point suivant ? »

Je me souviens qu'il y a des années, j'avais dans mon église une membre qui aimait vraiment mes messages. Elle me recommanda fortement à beaucoup de personnes qui se joignirent plus tard à l'église. Mais avec le temps, elle s'habitua à mes messages et à moi.

Un jour, après l'église, elle me dit: « Je crois que vous avez trop insisté sur le point de la semaine dernière. » Elle poursuivit :

« Il ne restait plus que peu de temps pour les nouveaux points que vous avez développés. »

Quelques semaines plus tard, elle fit une autre remarque : « Vous vous répétez trop dans vos prédications. « Après cela, je remarquai qu'elle avait le visage renfrogné chaque fois que je prêchais. Cette dame finit par ne plus venir à l'église.

Elle avait peut-être raison, mais ce dont elle ne se rendait pas compte, c'est que je prêchais pour des personnes présentes à l'église cette semaine-là, mais absentes la semaine précédente. J'avais une foule de nouvelles personnes pratiquement chaque semaine. Certes, j'avais mes défauts, mais Dieu agissait au travers de moi en dépit de cela.

Avez-vous enlevé la poutre qui se trouve dans votre oeil ? Pourquoi faites-vous une telle fixation sur la paille qui se trouve dans l'œil de votre pasteur ? La familiarité a fait de vous un critique.

9. Évaluer et noter des hommes de Dieu

La nature même de la démocratie veut qu'on évalue constamment nos dirigeants. C'est ce qui nous permet d'élire la bonne personne. Malheureusement, beaucoup se trompent lorsqu'ils pensent que cette même pratique d'évaluation doit être amenée à l'église.

J'étais en train de rentrer à la maison un jour après l'église lorsqu'un des passagers de la voiture posa une question. Il demanda : « Comment avez-vous trouvé le sermon ? »

Pendant un moment, il y eut un silence, puis quelqu'un répondit : « Je pense que c'était bien. Je lui donnerais un 70 %. »

Puis un homme plus âgé dit : « Non, non, non. Il mérite un 49 % environ. »

Une personne demanda : « Pourquoi, le message n'était pas trop mauvais que je sache ? »

Je pensai : « Ce pauvre pasteur est en train d'être évalué par sa congrégation. »

10. Ne pas croire aux conseils donnés par l'homme de Dieu

Quand vous tenez une personne en haute estime, vous chérissez ses conseils, quels qu'ils soient. Avec la familiarité, il vous devient plus difficile d'accepter ses conseils. Chaque fois qu'elle vous en donne un, vous trouvez une raison de ne pas le suivre.

11. N'avoir aucun respect pour l'onction

Quand un homme de Dieu vous devient familier, vos rapports avec lui cessent d'être d'ordre spirituel. Vous ne pensez même pas au fait qu'il est oint. Tout ce que vous voyez, ce sont des choses naturelles. Si vous regardez avec des yeux naturels, vous verrez l'infirmité, la nature méprisable et la corruption.

> **Ainsi en est-il de la résurrection des morts. Le corps est semé CORRUPTIBLE ; il ressuscite incorruptible ; il est semé MÉPRISABLE, il ressuscite glorieux ; il est semé INFIRME, il ressuscite plein de force ;**
> **1 Corinthiens 15 : 42-43**

L'onction pour le ministère se transmet d'un homme de Dieu à un autre. L'onction pour implanter des églises se transmet d'une personne à une autre. Élisée eut une relation exemplaire avec Élie. Il l'appelait « père » et le servit pendant de nombreuses années. Il ne perdit pas son respect pour l'onction parce qu'il était proche. Il reçut une double portion d'une des plus grandes onctions.

Ce n'est pas tout le monde qui souffre de la familiarité. Certaines personnes peuvent être très proches tout en gardant une très haute estime pour l'onction. J'ai autour de moi des personnes qui ont vu mon « infirmité » ma « nature méprisable » et ma « corruption » d'être humain pendant des années. Elles n'en ont pas pour autant perdu leur admiration, fascination et respect pour la présence de Dieu dans ma vie. C'est ce que fit Élisée pendant plusieurs années, et il reçut une double portion de l'onction qui reposait sur la vie d'Élie. Ne vous laissez pas tromper par l'apparente faiblesse des hommes de Dieu. La faiblesse est voulue par Dieu. Elle sert à purifier des bénéficiaires indignes de la grâce de Dieu.

Jésus nous a enseigné à paraître faibles aux yeux des personnes arrogantes et agressives. Tendre la joue gauche signifie simplement ne pas se battre. Cela pourrait même signifier prétendre que l'on est faible ! Peu importe s'ils pensent que vous n'avez aucune puissance.

N'est-ce pas une « poule mouillée » qui se soumettrait à des gifles plus humiliantes ? N'est-ce pas une poule mouillée qui se laisserait voler ses vêtements ? Mais c'est l'instruction que le Seigneur nous a donnée.

> **Mais moi, je vous dis de ne pas résister au méchant. Si quelqu'un te frappe sur la joue droite, PRÉSENTE-LUI AUSSI L'AUTRE. Si quelqu'un veut plaider contre toi, et prendre ta tunique, LAISSE-LUI ENCORE TON MANTEAU. Si quelqu'un te force à faire un mille, FAIS-EN DEUX AVEC LUI. Donne à celui qui te demande, et ne te détourne pas de celui qui veut emprunter de toi.**
>
> **Matthieu 5 : 39-42**

Malade mais oint

Élisée ÉTAIT ATTEINT DE LA MALADIE DONT IL MOURUT ; et Joas, roi d'Israël, descendit vers lui, pleura sur son visage, et dit : Mon père ! Mon père ! Char d'Israël et sa cavalerie !

Élisée lui dit : Prends un arc et des flèches. Et il prit un arc et des flèches. Puis Élisée dit au roi d'Israël: Bande l'arc avec ta main. Et quand il l'eut bandé de sa main, Élisée mit ses mains sur les mains du roi, et il dit : Ouvre la fenêtre à l'orient. Et il l'ouvrit. Élisée dit : Tire. Et il tira. Élisée dit : C'est une flèche de délivrance de la part de L'ÉTERNEL, une flèche de délivrance contre les Syriens ; tu battras les Syriens à Aphek jusqu'à leur extermination.

> Élisée dit encore : Prends les flèches. Et il les prit. Élisée dit au roi d'Israël : Frappe contre terre. Et il frappa trois fois, et s'arrêta.
>
> L'homme de Dieu s'irrita contre lui, et dit : Il fallait frapper cinq ou six fois ; alors tu aurais battu les Syriens jusqu'à leur extermination ; maintenant tu les battras trois fois.
>
> 2 Rois 13 : 14-19

Élisée était malade mais oint. Il était mourant mais oint quand même. Son infirmité, sa nature méprisable et sa corruption étaient évidentes pour tous. Il fit son dernier miracle sur son lit de mort et Dieu agit puissamment. Le summum de l'aveuglement, c'est de se fier à l'apparence extérieure pour porter un jugement.

> L'ÉTERNEL ne considère pas ce que l'homme considère ; l'homme regarde à ce qui frappe les yeux, mais l'ÉTERNEL regarde au coeur.
>
> 1 Samuel 16 : 7b

C'est ce qui est à l'origine du racisme et des préjugés dont nous sommes tous coupables. Que le Seigneur ait pitié de nous et nous pardonne ! Combien de fois jugeons-nous les gens sur l'apparence extérieure. Notre erreur sera bientôt exposée.

Mort mais oint

> Élisée mourut, et on l'enterra. L'année suivante, des troupes de Moabites pénétrèrent dans le pays. Et comme on enterrait un homme, voici, on aperçut une de ces troupes, et l'on jeta l'homme dans le sépulcre d'Élisée. L'HOMME ALLA TOUCHER LES OS D'ÉLISEE, ET IL REPRIT VIE ET SE LEVA SUR SES PIEDS.
>
> 2 Rois 13 : 20 21

On peut même être mort et oint ! Croyez-le ou pas, l'onction subsistante d'un prophète mort ressuscita une personne des morts. Il est facile de se laisser aveugler par la faiblesse naturelle des serviteurs de Dieu.

12. Ne pas honorer et exprimer sa gratitude à votre homme de Dieu

Quand on s'habitue à son pasteur, il est facile de le prendre pour acquis. On néglige souvent les personnes qui nous sont familières.

Je me souviens d'un pasteur qui n'avait jamais été honoré par sa congrégation. Son église bénissait constamment un prédicateur particulier de passage dans son église. Lorsque ce dernier organisait une rencontre, il y avait foule et les gens exprimaient leur reconnaissance au ministre en visite. Mais l'église n'honorait jamais son propre pasteur. Ces gens pensaient à tort que le visiteur était celui que Dieu leur avait envoyé. Mais la réalité est que leur propre pasteur est celui qui oeuvre pour eux avec amour.

J'enseigne aux membres de mon église que la Bible dit d'honorer et d'offrir des présents à l'homme de Dieu. Non pas pour élever son niveau de vie, mais pour honorer le don de Dieu et faire disparaître l'esprit de familiarité.

Du reste, mon fils, tire instruction de ces choses ; on ne finirait pas, si l'on voulait faire un grand nombre de livres.

Chapitre 14

L'intercession : le moyen qui permet de vaincre la stérilité

Les ministères d'implantation d'églises de Paul et Barnabas

Il y avait dans l'Église d'Antioche des prophètes et des docteurs : Barnabas, Siméon appelé Niger, Lucius de Cyrène, Manahen, qui avait été élevé avec Hérode le tétrarque, et Saul.
PENDANT QU'ILS SERVAIENT LE SEIGNEUR DANS LEUR MINISTÈRE ET QU'ILS JEUNAIENT, **le Saint Esprit dit : Mettez-moi à part Barnabas et Saul pour l'oeuvre à laquelle je les ai appelés. Alors, APRES AVOIR JEUNÉ ET PRIÉ, ILS LEUR IMPOSÈRENT LES MAINS, ET LES LAISSÈRENT PARTIR.**
Barnabas et Saul, envoyés par le Saint Esprit, descendirent à Séleucie, et de là ils s'embarquèrent pour l'île de Chypre.

Actes 13 : 1 4

Les ministères de Paul et Barnabas sont nés de l'intercession. Les plus grands planteurs d'églises de l'époque du Nouveau Testament naquirent alors qu'ils servaient le Seigneur dans leur ministère et jeûnaient. Une église qui prie engendrera toujours de nouveaux ministères et la croissance de l'église. Le chemin qui permet de sortir de la stérilité est celui qui mène à l'implantation d'églises. C'est le chemin de l'évangélisation.

Je suis persuadé que la prière fervente mènera presque toujours à la productivité dans la vie d'un ministre. Une église qui prie devient presque toujours fructueuse. Des églises sont implantées et des ministres envoyés en mission lorsque la vraie prière commence.

Le ministère d'Anne

Anne est une bonne illustration de ce qu'est un ministère stérile. Elle est un bon exemple d'une personne qui brisa le pouvoir de la stérilité et devint très productive. Là aussi, la clef qu'employa Anne est l'intercession. Les évangélistes et les missionnaires naissent toujours de l'intercession. Anne avait de graves problèmes. Elle avait désespérément besoin d'une percée. Elle ne s'est pas contentée de flâner, de traînailler, de s'attarder ou de donner des impressions changeantes. Elle était très sérieuse par rapport à ce qu'elle attendait de Dieu. Cher pasteur, la prière fervente vous permettra de donner naissance à une nouvelle dimension du ministère. L'intercession donnera toujours naissance à de nouveaux enfants spirituels.

> **Anne parlait dans son coeur, et ne faisait que remuer les lèvres, mais on n'entendait point sa voix. Éli pensa qu'elle était ivre...**
>
> **1 Samuel 1 : 13**

Le ministère d'Élie

La prière ardente d'Élie lorsqu'il se pencha contre terre pour demander la pluie reste l'exemple le plus connu de prière fervente.

> **Et Élie dit à Achab : Monte, mange et bois ; car il se fait un bruit qui annonce la pluie. Achab monta pour manger et pour boire. Mais Élie monta au sommet du Carmel ; et, SE PENCHANT CONTRE TERRE, IL MIT SON VISAGE ENTRE SES GENOUX, et dit à son serviteur : Monte, regarde du côté de la mer. Le serviteur monta, il regarda, et dit : Il n'y a rien. Élie dit sept fois : Retourne.**
> **À la septième fois, il dit: Voici un petit nuage qui s'élève de la mer, et qui est comme la paume de la main d'un homme. Élie dit : Monte, et dis à Achab: Attelle et descends, afin que la pluie ne t'arrête pas. En peu d'instants, le ciel s'obscurcit par les nuages, le vent s'établit, et il y eut une forte pluie. Achab monta sur**

son char, et partit pour Jizreel. Et la main de l'Éternel fut sur Élie, qui se ceignit les reins et courut devant Achab jusqu'à l'entrée de Jizreel.

1 Rois 18 : 41- 46

C'est l'exemple classique de prière fervente dont parlait Jacques. Je vous vois prier avec ferveur pour faire tomber la pluie des bénédictions de Dieu sur votre ministère ! Regardez Élie lorsqu'il demanda à Dieu de faire tomber la pluie. La prière d'Élie fit tomber la pluie de Dieu. Lorsque vient la pluie, de nouvelles plantes naissent. Toutes les nouvelles églises attendent la pluie. Les nouvelles choses que Dieu a préparées arriveront par la pluie.

Demandez à l'ÉTERNEL la pluie, la pluie du printemps ! L'Éternel produira des éclairs, Et il vous enverra une abondante pluie, Il donnera à chacun de l'herbe dans son champ.

Zacharie 10 : 1

Le ministère de Jacob

Jacob demeura seul. Alors un homme lutta avec lui jusqu'au lever de l'aurore.

Genèse 32 : 24

La veillée de prière de combat de Jacob eut de prodigieux résultats. Jacob et sa semence furent bénis. Plusieurs milliers d'années ont passé, mais le fruit de cette prière fervente est visible pour tous. Israël demeure une des nations les plus favorisées sur la Terre.

Le ministère de Moïse

Amalek vint combattre Israël à Rephidim. Alors Moïse dit à Josué: Choisis-nous des hommes, sors, et combats Amalek ; demain je me tiendrai sur le sommet de la colline, la verge de Dieu dans ma main. JOSUÉ FIT CE QUE LUI AVAIT DIT MOÏSE, POUR COMBATTRE AMALEK.

> **Et Moïse, Aaron et Hur montèrent au sommet de la colline. LORSQUE MOÏSE ÉLEVAIT SA MAIN, ISRAËL ÉTAIT LE PLUS FORT ; et lorsqu'il baissait sa main, Amalek était le plus fort.**
>
> **Les mains de Moïse étant fatiguées, ils prirent une pierre qu'ils placèrent sous lui, et il s'assit dessus. Aaron et Hur soutenaient ses mains, l'un d'un côté, l'autre de l'autre ; et ses mains restèrent fermes jusqu'au coucher du soleil.**
>
> Exode 17 : 8-12

La prière brûlante de Moïse pour vaincre Amalek est un autre exemple de prière fervente. Amalek est une sorte de force démoniaque qui combat l'église de Dieu par l'arrière. Les attaques constantes d'Amalek distraient de la tendance de chaque ministère à implanter des églises. Il est important que le ministère se lève pour régler son compte à Amalek spirituellement parlant.

L'église de Jérusalem

L'église de l'époque du Nouveau Testament priait avec ferveur pour que la puissance du Saint Esprit descende sur ses dirigeants.

> **Après avoir été relâchés, ils allèrent vers les leurs, et racontèrent tout ce que les principaux sacrificateurs et les anciens leur avaient dit.**
>
> **Lorsqu'ils l'eurent entendu, ils élevèrent à Dieu la voix tous ensemble, et dirent : Seigneur, toi qui as fait le ciel, la terre, la mer, et tout ce qui s'y trouve, en étendant ta main, pour qu'il se fasse des guérisons, des miracles et des prodiges, par le nom de ton saint serviteur Jésus.**
>
> **Quand ils eurent prié, le lieu où ils étaient assemblés trembla; ils furent tous remplis du Saint Esprit, et ILS ANNONÇAIENT LA PAROLE DE DIEU AVEC ASSURANCE.**
>
> Actes 4 : 23,24,30,31

Dieu entendit leur prière et voyez les résultats. Quand une église se met à prier avec ferveur, cela donne toujours des résultats. La Parole de Dieu est prêchée lorsqu'on prie. Des églises sont implantées lorsque la Parole de Dieu est prêchée.

Il est important de souligner que la prière fervente est ce qui fait la différence. Parfois, je regarde des gens qui disent s'être réunis pour prier. Certains sont endormis et d'autres ne font que passer le temps. Comment vous sentiriez-vous si quelqu'un s'endormait alors que vous lui parlez ? Vous penseriez qu'il est irrespectueux ou qu'il ne s'intéresse nullement à vous.

Le ministère de Jésus-Christ

Jésus pria passionnément pour que la volonté de Dieu soit faite dans Sa vie.

> **C'est lui qui, dans les jours de sa chair, ayant présenté avec de grands cris et avec larmes des prières et des supplications à celui qui pouvait le sauver de la mort, et ayant été exaucé à cause de sa piété...**
>
> **Hébreux 5 : 7**

Une preuve de cela, c'est lorsqu'Il commença à suer du sang. La prière fervente marche toujours. Le ministère de Jésus fut une grande réussite ! Deux mille ans après ces prières, on continue d'implanter des églises. On continue d'écrire des livres. On compose des chants sur Christ. Un plus grand nombre de personnes mettent volontairement leur vie au service de notre grand Dieu.

Votre ministère connaîtra une grande réussite lorsque vous apprendrez à prier avec ferveur. Quand vous ne savez pas quoi faire, faites ce que fit Jésus. Jésus criait lorsqu'Il priait ! Jésus priait au point de suer ! Lisez vous-même !

> **Étant en agonie, il priait plus instamment, et sa sueur devint comme des grumeaux de sang, qui tombaient à terre.**
>
> **Luc 22 : 44**

Du reste, mon fils, tire instruction de ces choses ; on ne finirait pas, si l'on voudrait faire un grand nombre de livres.

Chapitre 15

Alliances et implantation d'églises

Dieu est un Dieu qui respecte les alliances. Il existe une révélation très peu comprise sur la manière de faire agir Dieu, que j'appelle la clef de la conclusion d'alliances.

Anne conclut une alliance avec Dieu en lui promettant de lui donner son enfant. On n'a pas besoin de conclure une alliance pour offrir son enfant au service de l'Éternel. Mais conclure une alliance avec l'Éternel peut Le pousser à vous bénir d'une manière surnaturelle. Anne poussa Dieu à ouvrir son utérus pour en faire sortir son enfant. Elle lui promit son premier enfant, même si elle n'en avait qu'un.

Jacob aussi conclut une alliance avec l'Éternel, ce qui lui valut une grande bénédiction.

> **Jacob fit un voeu, en disant : Si Dieu est avec moi et me garde pendant ce voyage que je fais, s'il me donne du pain à manger et des habits pour me vêtir... alors l'Éternel sera mon Dieu ;**
> **Genèse 28 : 20-21**

Un dernier exemple d'une personne qui conclut une alliance avec l'Éternel, c'est Jephté.

> **Jephthé fit un voeu à l'ÉTERNEL, et dit : Si tu livres entre mes mains les fils d'Ammon, quiconque sortira des portes de ma maison au-devant de moi, à mon heureux retour de chez les fils d'Ammon, sera consacré à l'ÉTERNEL, et je l'offrirai en holocauste.**
> **Juges 11 : 30-31**

La conclusion d'alliances et une prière spéciale dans laquelle vous engagez le Seigneur dans un accord juridiquement contraignant. Beaucoup de personnes deviennent infidèles lorsqu'Il les honore dans le ministère. L'Éternel cherche des personnes fidèles qui resteront fidèles à Son appel au fil des années. Peut-être que si vous vous engagez dans la prière à toujours être fidèle à l'appel de Dieu, cela permettra à la grâce de Dieu que vous désirez tant de se déverser sur votre vie. Si vous n'êtes pas fidèle à Dieu, pourquoi vous donnerait-il Sa précieuse onction ?

Tous ceux qui conclurent ces alliances les respectèrent, et le Seigneur respecta également Sa part de l'alliance.

Du reste, mon fils, tire instruction de ces choses ; on ne finirait pas, si l'on voulait faire un grand nombre de livres.

Chapitre 16

L'onction de Rebecca

Je prophétise la bénédiction de Rebecca sur votre vie !

En lisant ce chapitre, recevez la bénédiction de Rebecca ! Je prophétise l'onction de Rebecca sur votre vie et votre ministère ! Répétez-vous cela encore et encore, et croyez que la grâce qui engendre la productivité et la croissance de l'église se déverse sur votre vie et votre ministère. Cela arrivera certainement ! Cela finira certainement par arriver !

> **Ils bénirent Rebecca, et lui dirent : Ô notre soeur, puisses tu devenir des milliers de myriades, et que ta postérité possède la porte de ses ennemis !**
>
> **Genèse 24 : 60**

« *Ils bénirent Rebecca...* »

Je vous bénis pour que vous soyez revêtu de puissance pour le ministère !

« *...Ô notre sœur...* »

Je déclare que vous êtes mon frère et collègue dans le ministère du Seigneur Jésus-Christ. Nous travaillons ensemble pour le Maître. Nous avons la victoire sur l'ennemi. Toute arme forgée contre nous est sans effet. Un seul mettra en fuite mille, et deux mettront en fuite dix mille.

« *...puisses-tu devenir des milliers de myriades...* »

Soyez revêtu de puissance pour le ministère ! Puissiez-vous devenir le père et la mère de myriades d'enfants spirituels ! Puissiez-vous recevoir un grand accroissement ! Vous verrez des myriades venir au Seigneur dans votre ministère ! Vous expérimenterez les choses que Dieu a préparées pour vous !

« ...que ta postérité possède la porte de ses ennemis... »

Puissez-vous avoir la victoire sur Satan et les démons ! Puissiez-vous conquérir des villes, des villages et des cités pour Christ ! Que le combat ait toujours lieu en terrain ennemi et jamais sur votre terrain ! Levez-vous et combattez, car c'est la dernière bataille sur cette terre. Les portes de l'enfer sont grandement ouvertes mais le Ciel a également relâché ses forces. Nous aurons certainement la victoire, car le capitaine des armées, c'est Jésus.

Beaucoup sont blessés, mais beaucoup restent forts ! Renaissez des cendres ! Que ceux qui sont blessés se joignent au combat pour la dernière fois. Nous pouvons gagner, dit l'Eternel ! Nous vaincrons, dit l'Éternel ! Vos cicatrices deviendront la raison de votre honneur lors de la résurrection. Ce jour-là, les blessures de guerre feront de vous un guerrier honorable. Plus grande est la gloire qui attend mes fidèles serviteurs !

Vos couronnes scintillantes, vos magnifiques demeures, vos pierres précieuses et vos récompenses inestimables s'accumulent pour l'éternité. Ne craignez point, car j'ai fixé le temps et l'heure de votre victoire !

Du reste, mon fils, tire instruction de ces choses ; on ne finirait pas, si l'on voulait faire un grand nombre de livres.

Chapitre 17

Sacrifice et implantation d'églises

Jésus leur répondit : L'heure est venue où le Fils de l'homme doit être glorifié. En vérité, en vérité, je vous le dis, si le grain de blé qui est TOMBÉ en terre ne MEURT, il reste seul ; mais, s'il meurt, il porte beaucoup de FRUIT.

Jean 12 : 23-24

Le sacrifice est l'élément manquant pour l'implantation d'églises. Cette clé essentielle fera passer le ministre moyen de la stérilité à la productivité. Le sacrifice est la clé qui fera passer un révérend du statut de ministre portant simplement un titre, à celui de ministre réellement fructueux. Il permettra de passer d'une église unique à une chaîne d'églises. Il poussera un pasteur à implanter des églises.

Ce qui manque à beaucoup de bonnes églises, c'est qu'elles ne sont pas prêtes à mourir. Beaucoup de nos églises demeureront petites jusqu'à ce qu'elles aient des personnes prêtes à faire des sacrifices. À un moment donné, ce dont on a besoin, c'est de sacrifice. L'absence de sacrifice entraîne toujours la stérilité.

Beaucoup d'églises ont atteint la limite. Beaucoup de ministères peuvent faire beaucoup plus, mais ne le font pas. La raison en est qu'ils ne veulent pas faire de sacrifices. Ce ne sont pas les informations et la connaissance qui leur manquent.

Beaucoup de personnes savent ce que je sais. Si vous avez lu mes livres, vous devez avoir des connaissances. Mais il ne suffit pas d'avoir des connaissances ! Savoir ce que je sais ne vous permettra pas de porter les mêmes fruits que moi. Pour cela, vous devez payer le prix. Tout le monde doit payer un prix. Le prix de la gloire est le même pour tous !

Les Écritures disent que si le grain de blé ne disparaît pas en terre et ne meurt, il reste seul.

Le grain de blé symbolise le missionnaire. Et le missionnaire est celui qui sera envoyé pour implanter les églises. Rester seul signifie ne pas porter de fruit. Cela signifie ne pas avoir de membres ou de disciples. Ce processus de mort de l'homme de Dieu finira par porter beaucoup de fruit.

Jésus n'aurait pas pu porter le fruit qu'il a porté s'Il n'était pas mort sur la croix. Il serait seul au ciel avec Son père. Il n'aurait pas pu nous sauver s'Il n'était pas mort et allé en enfer. Pour gagner des disciples pour Lui et Son père, Il devait tomber en terre et mourir.

Le grain de blé doit tomber en terre et mourir. Quant une semence tombe en terre, elle se désintègre et se décompose. C'est ce que l'on appelle mourir. La semence passe par un processus avant de devenir un fruit. Cela ne peut se produire que si elle disparaît et meurt.

La nécessité de 'mourir' est la plus importante vérité à saisir. Il existe beaucoup de dirigeants sincères qui connaissent beaucoup de choses. Ils ont entendu beaucoup de choses et pensent être très avancés dans leur relation avec Dieu. Malheureusement, la connaissance engendre l'orgueil.

…nous savons que nous avons tous la connaissance. La connaissance enfle, mais la charité édifie.

1 Corinthiens 8 : 1

Le royaume est plus qu'une école d'histoire et de doctrines. Il va au-delà de l'acquisition de nombreux certificats attestant nos connaissances bibliques. Si la connaissance n'est pas associée à ce processus de mort, elle ne produira rien.

Avez-vous remarqué que certains des plus grands spécialistes et commentateurs de la Bible sont très inefficaces quand il s'agit du vrai ministère ? Parfois même, plus ils en savent, plus ils deviennent incrédules et impies.

Un seul grain ne peut devenir un grand arbre qui porte beaucoup de fruit que s'il tombe en terre et meurt.

L'école secondaire du ministère

Le moment est venu d'envoyer au loin les jeunes hommes de votre église en mission. Le moment est venu d'envoyer ceux qui ont été formés sur le terrain du ministère. Le Seigneur m'a toujours poussé à envoyer mes meilleurs éléments sur le terrain.

Un jour, un pasteur principal qui avait plusieurs pasteurs débutants sous sa responsabilité me demanda : « Comment puis-je améliorer la qualité de mes pasteurs ? »

Je lui répondis : « Envoie-les à l'école secondaire du ministère. »

Je lui dis : « La plupart des pasteurs dont tu as la charge sont encore à l' « école primaire » du ministère, et ce, depuis des années. Au lieu de les faire passer en classe supérieure, tu les as gardés avec toi, ce qui les a détruits spirituellement. »

Je lui expliquai : « Au lieu que ces derniers deviennent pasteurs de centaines de personnes, certains sont devenus guitaristes, chanteurs et placeurs dans ton église. Ils n'ont jamais progressé dans le ministère. »

J'ajoutai : « Il est très difficile d'envoyer au loin des personnes auxquelles on est habitué. Il est difficile d'envoyer des personnes que l'on aime. Vos rapports avec elles risquent même de se détériorer si elles développent un esprit de rejet. »

Je lui expliquai : « Il y a des pasteurs qui sont très honorés et heureux de superviser des milliers de personnes aujourd'hui. Mais à l'époque où je les ai envoyés loin de moi pour démarrer ces églises, la plupart ont ressenti de la tristesse et du rejet. À plusieurs reprises, il m'a fallu les conseiller et les rassurer quant à mon amour pour eux. »

Je continuai d'encourager mon ami à envoyer au loin ses meilleurs éléments. J'expliquai de nouveau : « À moins de vivre l'expérience du grain qui meurt, ils ne porteront jamais vraiment de fruit. Ils tourneront autour de toi et s'occuperont à de nombreuses activités dans l'église, mais ne porteront en réalité aucun fruit. »

Par quelles étapes passe le missionaire/ le planteur d'églises que l'on envoie implanter des églises ?

1. Il tombe

Il s'agit de la période de la vie d'un homme de Dieu pendant laquelle il n'est pas connu et est caché de la vue du public. C'est également une période de rejet, de réponses négatives, de refus, de dénégation et de dénonciation dans sa vie. Les planteurs d'églises et les missionnaires vivront cette expérience à plusieurs reprises. Ne vous inquiétez pas. L'isolement, le rejet et la séparation font partie du véritable ministère.

Au sujet de Jean-Baptiste, la Bible dit qu'il resta caché dans le désert jusqu'au jour où il se présenta devant Israël. Tout pasteur doit réaliser que Dieu a prévu un moment dans sa vie où il doit rester caché. Ne soyez pas pressé d'être exposé, car une exposition prématurée mène à la destruction.

Jésus-Christ resta caché trente ans avant d'être exposé au ministère public. Son apparition dans le ministère surprit ceux qui ignoraient qu'une semence était restée en terre pendant trente ans.

Moïse fit cette expérience de la chute en terre. Il fut totalement rejeté par ses frères la première fois qu'il essaya de leur apporter la parole. Il finit par passer quarante ans dans le désert. Après des années de rejet et d'isolement, il était prêt à exercer le ministère.

Joseph fit également l'expérience de la chute en terre. Ses visions et ses rêves furent totalement rejetés. Puis, lui-même fut rejeté, et on se débarrassa de lui. Il se retrouva à travailler comme esclave, puis comme prisonnier en Égypte. Après plusieurs années de séparation d'avec ses frères, il était fin prêt pour un grand ministère.

Ce ne sont là que quelques exemples du parcours qui consiste à tomber en terre. Je vous l'assure, aucun véritable ministre de Dieu n'est réellement accepté tant qu'il n'a pas été rejeté.

Je suis passé par-là

J'ai moi-même vécu l'expérience de la chute en terre. À mes débuts dans le ministère, j'ai été totalement rejeté par les ministres de l'époque. Un ministre avec qui j'avais de bons rapports refusa de continuer à apporter la parole à notre groupe. Quand je lui demandai pourquoi, il répondit : « Je refuse de continuer à semer parmi des épines. »

Lui et d'autres pasteurs affirmaient que je n'avais pas été appelé par Dieu et que je n'avais pas à démarrer une église. Pour eux, j'étais un étudiant en médecine, et je devais me concentrer sur mes études. Ils dirent à mon assistant de ne plus me fréquenter, car il était dangereux de rester en compagnie d'une personne qui n'était pas appelée par Dieu. Je dis à un autre ministre avec qui j'entretenais de bons rapports que j'avais démarré une église. Il me reprit immédiatement et me demanda quelle école biblique j'avais fréquentée.

J'étais découragé et je m'en allai, « la queue entre les jambes ». Et comme si cela ne suffisait pas, ce pasteur décida d'organiser une campagne à l'endroit même où notre église se réunissait. Il organisa une grande rencontre et présenta une puissante vidéo sur ses programmes nationaux et internationaux. Ce fut l'une des meilleures présentations de ce ministère que j'aie jamais vue. À côté, notre église ressemblait à un groupe de canards boiteux et de nains. Après cela, je fus puissamment invité à me joindre à ce ministère.

Après leur départ, je me demandai : « Qui voudrait être avec nous alors qu'il existe de si puissants ministères établis dans la ville ? » Après ce programme, nous nous sentîmes démoralisés et découragés. Il était évident que nous étions un groupe d'étudiants ayant du mal à faire l'œuvre du ministère.

Je me souviens également d'un incident survenu lorsque je rencontrai un des grands pasteurs d'une église établie. C'était à l'occasion d'un mariage organisé sur le campus universitaire.

Je me dirigeai vers lui pour lui dire bonjour, et il dit : « Oh, bonjour, Dag. »

Il s'interrompit un instant, me regarda et dit : « Pasteur ! »

Alors que je me tenais devant lui, je sentis dans mon cœur qu'il m'appelait pasteur de façon ironique.

C'est à peine si je ne lui demandai pas : « Monsieur, pourquoi vous moquez-vous de moi ? » « Pourquoi m'appelez-vous pasteur alors que vous ne croyez pas que j'en suis un ? »

Je ne sais pas ce qui me retint. Cher ami, je vous assure que tout ce que je ressentis à cette époque de mon ministère ne fut que rejet et intimidation.

Je vécus une période de rejet total, et c'est quasiment séparé de la plupart des ministres que j'avais connus que je poursuivis l'œuvre du ministère. Dieu m'apprit alors comment exercer le ministère à travers des laïcs. Vous savez, à l'époque, la plupart des ministères fonctionnaient avec des ouvriers à plein temps.

Ne vous inquiétez pas lorsqu'on ne vous accepte pas ou qu'on ne veut pas de vous. Ne soyez pas bouleversé lorsque personne ne vous invite. Le jour de votre « présentation » arrive ! Aujourd'hui, je suis accepté et même respecté par certains de ces grands pasteurs qui me méprisaient à l'époque. Peut-être n'ont-ils pas eu d'autre choix que de m'accepter. Après tout, je suis là, même s'ils ne veulent pas de moi.

Or, l'enfant croissait, et se fortifiait en esprit. Et il demeura dans les déserts, jusqu'au jour où il se présenta devant Israël.

Luc 1 : 80

2. Il meurt

Quand une semence tombe en terre, elle se désintègre et se décompose. Elle change totalement de caractère et d'aspect. Quand Dieu en aura fini avec vous, votre apparence aura changé. Votre caractère sera totalement transformé. Permettez au processus de mort de se poursuivre. Si le grain ne meurt, il reste seul. Si vous ne développez pas ces qualités, votre ministère ne se développera pas.

Développement d'une relation personnelle avec Dieu

Pendant cette période d'éloignement, de nombreux et importants traits spirituels naîtront en l'homme de Dieu.

Quand les gens vous rejettent, développer une relation personnelle avec Dieu est l'une des choses les plus importantes que vous apprenez. La force de tout ministre véritable lui vient directement du Seigneur.

Vous savez, beaucoup viendront et diront en ce jour-là : « J'ai chassé des démons par ton nom et j'ai fait beaucoup de miracles par ton nom. » Mais le Seigneur leur dira : « Je ne t'ai jamais connu. » Cela signifie que chaque ministre doit être très exigeant en ce qui concerne sa relation avec le Seigneur. Le rejet met fin aux relations horizontales (avec les hommes) et vous amène à développer votre relation verticale (avec Dieu).

Développement de l'humilité

Être rejeté par les hommes a pour but de vous rendre humble. L'humilité est le plus haut manteau que puisse revêtir un homme de Dieu. Plus un ministre est humble, plus son rang devant Dieu est élevé ! Un des leurres les plus fréquents à l'église consiste à croire que plus votre église est grande, plus votre rang devant le Seigneur est élevé. Il n'en est rien. Jésus a clairement dit que le plus grand pasteur serait le plus humble et le plus semblable à un petit enfant d'entre nous.

et dit : Je vous le dis en vérité, si vous ne vous convertissez et si vous ne devenez comme les petits enfants, vous n'entrerez pas dans le royaume des cieux.

Matthieu 18 : 3

L'humilité de Jean-Baptiste était évidente. Il dit clairement qu'il n'était pas digne de délier la courroie des chaussures de Jésus. Il s'inclina devant le Seigneur et déclara que Jésus devait croître et lui, diminuer. Combien de pasteurs aujourd'hui veulent que d'autres croissent pendant qu'ils diminuent ?

Il faut qu'il croisse, et que je diminue.

Jean 3 : 30

L'humilité de Jésus était évidente. Il s'est humilié, se rendant obéissant même jusqu'à la mort de la croix.

Moïse perdit toute confiance en lui-même. La Bible dit qu'il était l'homme le plus doux sur la terre. Ne seriez-vous pas doux après quarante ans passés dans le désert comme l'un des dix hommes les plus recherchés d'Égypte ? Quand on lit l'histoire de l'appel de Moïse, on voit que Moïse n'avait absolument pas confiance en lui. C'était un grand homme, mais il avait vraiment une très basse opinion de lui-même. Voyez quelle évaluation Moïse faisait de lui-même.

Les onze objections de Moïse

1. Moïse dit à Dieu : « Qui suis-je ? » (Exode 3 : 11).
2. Moïse dit à Dieu : ... « que leur répondrai je ? » (Exode 3 :13).
3. Moïse répondit... : ... « ils ne me croiront point. » (Exode 4 : 1).
4. Moïse dit ... : ... « je ne suis pas un homme qui ait la parole facile... j'ai la bouche et la langue embarrassées. » (Exode 4 : 10).
5. Moïse dit : « Ah ! Seigneur, envoie qui tu voudras envoyer... » (Exode 4 : 13).

6. Moïse ...dit : « Seigneur,... pourquoi m'as-tu envoyé ? » (Exode 5 : 22).
7. Moïse répondit... : « Voici, les enfants d'Israël ne m'ont point écouté » (Exode 6 : 12).
8. Et Moïse répondit... : « Voici, je n'ai pas la parole facile. » (Exode 6 : 30).
9. Moïse cria à l'Éternel... : « ...Encore un peu, et ils me lapideront. » (Exode 17 : 4).
10. Moïse... dit à l'Éternel : « Pourquoi affliges-tu ton serviteur ? » (Nombres 11 : 11).
11. Moïse dit : « Six cent mille hommes de pied forment le peuple... » (Nombres 11 : 21).

Lorsque Joseph revit ses frères après des années de prison, il ne pensa pas à se venger. Il réalisa que Dieu l'avait permis pour son bien. Joseph avait tellement mûri en ce qui concernait les choses de Dieu qu'il avait le sentiment que ses frères n'avaient rien fait de mal. En fait, il avait le sentiment que ses frères avaient été utilisés par Dieu.

Après tout ce que j'ai traversé, j'en suis à aimer et à apprécier les personnes qui m'ont autrefois rejeté. J'ai le sentiment que Dieu les a utilisées pour me former dans le ministère. Je ne garde rancune à aucune d'elles et j'accorde beaucoup de valeur à leurs ministères. Même la plus amère des expériences a concouru à mon bien.

3. Il porte du fruit

Porter du fruit est une chose très spirituelle. La plupart des hommes de Dieu pensent qu'avoir une grande église signifie que l'on a porté beaucoup de fruit et que l'on fait la joie du Seigneur.

Vous noterez cependant que Jésus faisait la joie de Son père avant même de prêcher Son premier sermon.

> **En même temps, une voix venant du ciel fit entendre ces paroles : Celui-ci est mon Fils bien-aimé, CELUI QUI FAIT TOUTE MA JOIE.**
>
> **Matthieu 3 : 17 (*Bible du Semeur*)**

Vous n'avez pas besoin d'avoir une église pour que le Père céleste dise : « Celui-ci est mon fils bien-aimé, celui qui fait toute ma joie. » Vous n'avez même pas besoin d'être pasteur. Vous n'avez pas besoin d'écrire un livre, ni de prêcher un sermon, pour entendre ces mots « Celui-ci est mon fils bien-aimé, celui qui fait toute ma joie. »

Vous n'avez pas besoin d'être célèbre pour entendre ces mots : « Celui-ci est mon fils bien-aimé, celui qui fait toute ma joie. » Jésus n'était pas célèbre lorsque cela arriva. Ce passage montre que faire la joie de Dieu ne dépend pas de nos œuvres en tant que telles. Nos fruits sont en réalité des dons du Seigneur.

Avez-vous jamais réfléchi à l'immense fruit que porta Jésus Christ ? Vous êtes-vous jamais demandé comment des milliers d'églises avaient été implantées suite à Ses trois années de ministère ? Deux mille ans ont passé, et Ses fruits sont plus nombreux que jamais. Comment parvint-il à porter autant de fruit ?

Il fit six choses : seulement trois années de prédication, d'enseignement et de guérison, une vie d'humilité et d'obéissance, et le sacrifice sur la croix. Son sacrifice sur la croix fut très important, car cela nous ouvrit la porte du salut. Votre obéissance et sacrifice au Seigneur donneront naissance à beaucoup d'églises.

Dépensez et soyez dépensé

Si vous êtes pasteur principal, n'ayez pas peur d'envoyer vos meilleurs éléments en mission. Dieu donna Son fils, et aujourd'hui, Il a des millions de fils. Si Dieu vous a appelé à implanter une église, n'ayez pas peur de mourir. Si vous ne mourrez pas, vous ne porterez pas beaucoup de fruit.

Il est temps de dépenser et de se dépenser pour le Seigneur. Dépensez vos meilleurs dirigeants et ouvriers sur les champs de récolte du monde. Laissez-vous dépenser par Jésus. Telle était la philosophie de David Livingstone. Il se laissa dépenser afin que des tribus et des peuples qui n'étaient pas sauvés puissent être découverts et évangélisés.

Je cite ci-après une interview qu'il donna avant sa mort.

David Livingstone : Dépensez et soyez dépensé !

À l'âge de douze ans, il était très soucieux de son bien-être spirituel. À l'âge de vingt ans, il se convertit. Ce fut un tremplin naturel qui lui permit de passer du statut de membre d'une famille chrétienne à celui de membre de l'Église.

Les siens étaient membres de la Hamilton Church. Deux anciens lui enseignèrent les doctrines. Pendant cinq mois, il allait régulièrement de sa maison à Blantyre à sa petite église à Hamilton, pour y recevoir les enseignements d'un ancien, qui priait aussi avec lui. Après cela, il devint membre communiant en bonne et due forme.

C'est alors qu'il prit la décision de se consacrer au service de Christ dans le cadre d'un effort missionnaire.

Ses diplômes de médecine et théologie en poche, il déposa une demande d'inscription auprès de la London Missionary Society (Association missionnaire de Londres). Pouvait-il venir passer un entretien ? Il n'avait pas d'argent pour son transport. Deux amis l'aidèrent. La période d'essai requise à l'école de Londres achevée, il était fin prêt pour la mission de sa vie.

Il opta pour la Chine, mais la guerre de l'opium avait fermé la porte. Il reporta ses sentiments sur l'Afrique, mit le cap sur ce continent, et arriva au Cap en 1849.

De quoi avait-il l'air lorsqu'il accosta ? De taille moyenne, mince, le corps noueux, laissant deviner une grande endurance physique.

Il expliqua sa motivation en ces termes : « La première fois que j'ai ressenti les bienfaits communicatifs de l'Évangile dans mon cœur, la question de savoir comment passer le restant de mes jours à amener mes semblables à jouir du même bonheur et de la même paix est devenue importante pour moi. »

Comment allais-je passer le restant de mes jours ? « DÉPENSER ET SOYEZ DÉPENSÉ ». L'idéal du missionnaire fut le même pendant toute sa vie.

Prédicateur et enseignant, Livingstone fut également médecin. Il avait le génie pour se lier d'amitié avec ces Africains. « L'amour engendre l'amour » était son slogan. Jamais oisif, il fut maçon, charpentier, tailleur de pierres et directeur général de l'économie sociale de ses établissements, et il passa ses jours dans une intense activité.

Le sacrifice de grands hommes tels que David Livingstone permit un grand développement de l'église en Afrique. Il n'y a vraiment pas d'autre chemin que celui du sacrifice montré par Jésus Christ. La vraie église se perpétue par le sacrifice !

Du reste, mon fils, tire instruction de ces choses ; on ne finirait pas, si l'on voulait faire un grand nombre de livres.

Chapitre 18

Obéissance et implantation d'églises

Samuel dit : L'ÉTERNEL trouve-t-il du plaisir dans les holocaustes et les sacrifices, comme dans l'obéissance à la voix de l'ÉTERNEL ? Voici, l'OBÉISSANCE VAUT MIEUX QUE LES SACRIFICES, et l'observation de sa parole vaut mieux que la graisse des béliers.

1 Samuel 15 : 22

Très souvent, on pense qu'une personne qui se sacrifie est plus grande que celle qui obéit. Le mot sacrifice évoque des images terrifiantes de souffrance et de perte. L'obéissance semble être une option plus douce et moins exigeante. En fait, notre analyse humaine placerait à tout moment le sacrifice au-dessus de l'obéissance.

Une fois de plus, les voies et les pensées de Dieu ne sont pas les nôtres. Il dit clairement que l'« obéissance vaut mieux que le sacrifice ». « Mieux » signifie « plus grand, préférable, une version améliorée, supérieur, bonifié, plus acceptable, plus favorable, de meilleure qualité, accru et plus désirable ! »

Ce verset signifie par conséquent que l'« obéissance est plus grande, plus acceptable, plus favorable et plus désirable que le sacrifice, qu'elle est préférable et supérieure au sacrifice. »

Pourquoi l'obéissance est-elle préférable au sacrifice ? Quand on fait un sacrifice, très souvent, on sait ce qu'on fait et pourquoi on le fait. On sait qu'on va souffrir et on connaît les raisons de cette souffrance. Pourquoi l'obéissance est-elle plus désirable, plus favorable et plus acceptable aux yeux de Dieu ?

Les raisons ci-après expliquent pourquoi l'obéissance est plus grande que le sacrifice.

Pourquoi l'obéissance vaut mieux (est plus grande) que le sacrifice

1. **Obéir sans tout comprendre est plus grand que faire des sacrifices.**

Les plus grandes bénédictions que j'ai reçues dans ma vie et mon ministère ont découlé de mon obéissance, plutôt que de mes sacrifices à Dieu. La plupart du temps, il n'est pas facile de comprendre les implications de ce que l'on fait. Au moment où j'écris ce livre, il y a des choses que le Seigneur m'a demandé de faire, que je ne comprends pas.

Si nous ne comprenons pas, c'est à cause de notre niveau de croissance ou de maturité dans le Seigneur. Je suis persuadé que nous ne comprendrons jamais totalement ce que Dieu nous demande de faire, jusqu'au moment où nous commencerons à le faire. Regardez ce passage des Écritures. Il nous montre que c'est quand on fait la volonté de Dieu que l'on connaît sa volonté.

> **Si quelqu'un veut faire sa volonté, il connaîtra si ma doctrine est de Dieu, ou si je parle de mon chef.**
> **Jean 7 : 17**

Comment pouvais-je comprendre l'impact du ministère à plein temps lorsque j'étais pasteur laïc ? Beaucoup de laïcs croient comprendre ce qu'est le ministère à plein temps. Mais je sais qu'ils ne se rendent pas compte de ce que c'est. Beaucoup de laïcs pensent servir Dieu aussi bien que n'importe qui d'autre. C'est uniquement en obéissant à Dieu que j'ai su l'importance du ministère à plein temps.

2. **L'obéissance à un ordre auquel on n'obéirait pas en temps normal vaut mieux que le sacrifice.**

Lorsque le Seigneur m'a orienté vers le ministère de la guérison, je n'ai pas totalement compris l'incidence que cela aurait sur mon ministère. Jusque-là, j'avais principalement été un enseignant et un prédicateur. Je suis normalement quelqu'un de logique et qui calcule. Agir par l'esprit ou prêcher des choses spirituelles n'était pas quelque chose de naturel pour moi. C'est une des choses les plus difficiles que j'ai jamais faites et je serai à jamais reconnaissant aux personnes qui m'ont aidé à franchir cette barrière. Aujourd'hui, j'ai vu beaucoup de miracles dans le ministère. Je peux dire que c'est la chose qui a fait une grande différence dans mon ministère actuel.

Disant : Père, si tu voulais éloigner de moi cette coupe ! Toutefois, que ma volonté ne se fasse pas, mais la tienne.
Luc 22 : 42

Ce n'est pas une chose très naturelle que de se donner pour être tué par des hommes méchants. Savoir que l'on va mourir est l'une des expériences les plus effrayantes pour l'être humain. Il m'est arrivé de voir des patients mourir peu après avoir appris qu'ils étaient en phase terminale d'une maladie. En y réfléchissant, on se rend compte que c'est une expérience terrifiante.

Je me souviens d'une dame qui était atteinte d'une leucémie. Elle pensait avoir une sorte de fièvre et être soignée en conséquence. Elle était atteinte d'une maladie mortelle, mais avait assez bonne mine et se sentait assez bien. Un matin, au cours d'une visite du médecin, elle demanda à un de mes collègues où elle pouvait se procurer ses médicaments.

Mon collègue pointa le doigt en direction de la rue située en face et dit : « Oh, vous pouvez trouver ces médicaments contre le cancer au département des tumeurs Burkett, de l'autre côté de la rue. » La femme resta bouche bée ! Elle était sous le choc ! Jusque-là, personne ne lui avait dit qu'elle était atteinte d'un cancer ou d'une maladie de ce type. Elle prit tellement peur que son état s'aggrava rapidement. J'ai le regret de dire qu'en l'espace de quelques heures, cette femme entra dans le coma et mourut.

Savoir que notre mort approche est une des épreuves les plus terrifiantes pour l'homme. Miséricordieux, Dieu nous montre rarement le jour de notre départ.

Je n'oublierai jamais les yeux injectés de sang d'un homme de trente ans qui était en train de mourir d'une insuffisance rénale chronique dans une salle d'hôpital. Il savait que quelque chose allait terriblement mal. Un matin, alors que je m'occupais de lui, il m'agrippa par le bras et dit : « Docteur, s'il vous plait, aidez-moi. Je veux aller en Allemagne. J'ai un frère là-bas, il m'aidera à me faire soigner. » J'étais effrayé, car j'étais encore étudiant, et je ne savais que faire.

Je regardai vers le bas, et je vis son sac d'urine rempli de sang. Je savais que seul Dieu pouvait le sauver. Je n'oublierai jamais le regard terrifié de cet homme. Je me souviens du son de sa voix effrayée et suppliante. « Docteur, s'il vous plait, aidez-moi. »

Quand je pense à mon Jésus et à comment Il affronta son épouvantable mort, je ne peux qu'être émerveillé. Quand je pense à comment Jésus pria pour que Dieu éloigne la coupe, je me rends pleinement compte de Son obéissance à Son père.

Cher ami, aller vers sa propre mort n'est pas chose naturelle. Faire des choses qui vont nous faire du mal et nous détruire n'est pas quelque chose de naturel. L'obéissance vaut mieux que le sacrifice !

Beaucoup d'ordres de Dieu iront à l'encontre de votre manière de penser naturelle. Il est temps d'obéir. Certaines personnes donnent des offrandes supplémentaires au Seigneur parce qu'elles vivent dans la désobéissance. Par ces sacrifices supplémentaires, elles essaient de compenser leurs vies de désobéissance. Regardez attentivement chaque dimanche, et vous verrez beaucoup de chrétiens désobéissants donner de gros montants d'argent au Seigneur, espérant que leurs offrandes fermeront les yeux de Jéhovah. Pitié !

3. L'obéissance à des instructions avec lesquelles on n'est pas d'accord vaut mieux que le sacrifice

C'est souvent lorsqu'on n'est pas d'accord avec une instruction que l'on désobéit. Quand Dieu nous donne pour instruction de pardonner à une personne clairement rebelle, il se peut que nous ne soyons pas facilement d'accord. Avec le temps, on découvre que le pardon est plus grand que la vengeance. Quand une personne nous fait du tort, on a le sentiment d'être en droit de la corriger et de nous venger. Il n'est pas facile d'ignorer ce sentiment !

J'ai reçu de grandes bénédictions pour avoir pardonné à des personnes qui m'ont fait du tort. Il n'est pas toujours facile d'être d'accord avec les méthodes de Dieu.

> **Après ces choses, Dieu…dit :…Prends ton fils, ton unique, celui que tu aimes, Isaac ; va-t'en au pays de Morija, et là offre-le en holocauste sur l'une des montagnes que je te dirai.**
>
> **Abraham se leva de bon matin, sella son âne, et prit avec lui deux serviteurs et son fils Isaac.**
>
> **Il fendit du bois pour l'holocauste, et partit pour aller au lieu que Dieu lui avait dit.**
>
> **Genèse 22 : 1-3**

Je suis sûr qu'Abraham n'était pas d'accord avec l'idée de tuer son fils unique, mais il fit ce que le Seigneur lui demanda.

4. L'obéissance à des ordres qui nous rendent humbles vaut mieux que le sacrifice

Beaucoup d'ordres de Dieu nous rendent humbles. On peut dire que la caractéristique première des instructions de Dieu est qu'elles nous rendent humbles. Elles nous font souvent passer pour des idiots aux yeux des autres ou à nos propres yeux. Lorsque le Seigneur me conduisit à devenir ministre à plein temps, je passai pour idiot aux yeux d'autres médecins. Quand je reçois des offrandes ou je fais une collecte de fonds, je passe pour idiot à mes propres yeux et aux yeux de beaucoup de personnes.

Je prévoyais d'offrir de grands sacrifices au Seigneur lorsqu'Il m'appela dans le ministère à plein temps. Je Lui dis que je lui donnerais de gros montants d'argent grâce à l'hôpital que j'allais créer. Mais le Seigneur me répondit qu'Il ne voulait pas mes sacrifices, mais plutôt, que je travaille pour Lui.

Le pasteur laïc compensateur

Un jour, j'appelai un de mes pasteurs laïcs, et je l'invitai à m'accompagner en voiture à Kumasi, une ville située à 272 kilomètres environ d'Accra au Ghana.

« Voulez-vous m'accompagner ? », lui demandai-je.

« Ce serait un privilège de vous accompagner. », répondit-Il. « Je vais m'éclipser du travail et je me joindrai à vous. »

Alors que nous discutions en chemin, je lui dis quelque chose qui le surprit.

Je dis : « Vous êtes un jeune homme très travailleur. »

Je poursuivis : « Vous faites toujours des choses supplémentaires pour le Seigneur. »

Voyez-vous, ce jeune homme était architecte, et malgré son emploi, il travaillait constamment à l'église.

Je lui dis : « Vous parcourez la ville pour faire tout ce qu'il y a à faire. Vous êtes un des pasteurs qui se sacrifient le plus et les plus dévoués avec lesquels j'ai jamais travaillé. »

Il fit un sourire reconnaissant !

Je poursuivis : « Vous avez réalisé beaucoup de travaux d'architecture pour l'église sans jamais réclamer le moindre sou. Chaque fois qu'il y a une tâche pastorale supplémentaire à effectuer, c'est vous que j'appelle. »

J'expliquai : « C'est la raison pour laquelle je vous ai demandé de m'accompagner pour ce voyage. Je savais que vous pourriez facilement vous libérer de votre travail. »

Puis, je lâchai la bombe : « Mais vous êtes désobéissant ! »

Je poursuivis : « Vous désobéissez à Dieu. »

Son sourire commença à disparaître.

J'expliquai : « La raison pour laquelle vous êtes si actif, si zélé, et vous faites tant de sacrifices est que vous essayez de compenser votre désobéissance à Dieu. Dieu vous a appelé à Le servir dans le ministère à plein temps, mais vous fuyez. »

Il était choqué. « Je n'y ai jamais pensé », répondit-il. « Il ne m'est jamais venu à l'esprit que je ne faisais que compenser ma désobéissance. »

Quelques mois plus tard, ce jeune homme démissionna de son emploi et obéit à l'appel à exercer le ministère à plein temps. Puisse Dieu vous ouvrir les yeux, afin que vous sachiez si vous lui êtes désobéissant et essayez de compenser cette désobéissance !

Oh, combien aimons-nous compenser notre désobéissance ! Nous refusons de nous humilier devant le Seigneur. Nous ne voulons pas passer pour idiots aux yeux de qui que ce soit. Nous voulons faire ce qui nous plaît et offrir un sacrifice qui nous convient en guise de compensation.

> **...ayant paru comme un simple homme, il s'est humilié lui-même, se rendant obéissant jusqu'à la mort, même jusqu'à la mort de la croix.**
>
> **Philippiens 2 : 7 8**

5. L'obéissance à des instructions qui ne nécessitent pas votre sagesse vaut mieux que le sacrifice

> **Ne prenez ni or, ni argent, ni monnaie, dans vos ceintures ; ni sac pour le voyage, ni deux tuniques, ni souliers, ni bâton ; car l'ouvrier mérite sa nourriture.**
>
> **Matthieu 10 : 9-10**

Comment puis-je vivre si je ne prends ni or, ni argent ? Marcher avec le Seigneur nécessite que l'on mette de côté ses propres raisonnements et que l'on fasse confiance à Sa sagesse. Il faut de la foi pour travailler avec Dieu.

Quand vous voyez un maigre panier d'offrandes avec des pièces qui tintent passer d'un banc à l'autre, vous vous demandez : « Arriverai-je à survivre avec ces collectes ? »

Est-ce ainsi que Dieu subviendra aux besoins d'un pasteur à plein temps ? Il y a des années, je suis allé dans une église en Europe. Le pasteur, un missionnaire américain, avait une congrégation florissante. Alors que j'étais assis dans son bureau, j'eus à évoquer la question des finances du ministère.

Je lui dis fièrement : « Je ne suis pas le genre de pasteur qui dépend des offrandes. »

Je poursuivis : « J'exerce comme médecin et je fais des affaires. Je n'ai besoin de l'argent de personne. »

Il me regarda d'un air perplexe et dit : « Ce que vous faites est très sage, mais la sagesse de Dieu est supérieure à la vôtre. »

Il expliqua : « Dieu a un plan et un mode de construction de Son église. Votre plan et votre idée ne seront jamais supérieurs à Son plan. »

La manière de Dieu est simple : ceux qui prêchent l'évangile doivent vivre de l'évangile (1 Corinthiens 9 : 14).

Il me dit : « Vous privez votre congrégation d'une bénédiction qu'elle reçoit quand elle bénit l'homme de Dieu. »

Fier de moi, je pensai : « Je n'ai pas besoin de ces offrandes. »

Cependant, après cette conversation, je commençai à penser que je ne pouvais pas être plus sage que Dieu. Dieu doit savoir mieux que moi comment bâtir Son église.

Aujourd'hui, je prêche l'évangile et je vis de l'évangile. Je dépends humblement de la méthode choisie par Dieu pour subvenir aux besoins des pasteurs. Je ne suis pas meilleur qu'un autre serviteur de Dieu. Plutôt que de sacrifier du temps supplémentaire, à faire des affaires et à conclure des marchés lucratifs, je me consacre entièrement au ministère lucratif de la Parole et la prière. L'obéissance vaut mieux que le sacrifice.

6. Il faut une plus grande foi et diligence pour accomplir des tâches qui ne paraissent pas urgentes ou importantes

Allez, faites de toutes les nations des disciples, les baptisant au nom du Père, du Fils et du Saint Esprit, et enseignez-leur à observer tout ce que je vous ai prescrit.

> Et voici, je suis avec vous tous les jours, jusqu'à la fin du monde. Amen.
>
> Matthieu 28 : 19 20

> **Priez sans cesse.**
>
> 1 Thessaloniciens 5 : 17

Les choses les plus importantes ne sont pas urgentes. Les choses importantes sont souvent peu attirantes. Il est difficile d'être fidèle avec ce que Dieu considère comme important.

Par exemple, prier sans cesse est une des choses les plus importantes que nous devions faire. Pourtant, nous n'avons pas conscience de l'urgence de la prière. Parfois, quand on a des problèmes, on ne peut pas avoir la foi. Pendant qu'on a des problèmes, on a envie d'appeler Dieu, mais la peur et l'angoisse nous étreignent le coeur. Il est quasiment impossible de prier dans ces circonstances. C'est alors que vous réalisez combien il est important d'avoir prié avant.

J'ai connu les moments sombres de la vie où aucune théorie sur la foi ne marchait plus. Vous êtes-vous déjà demandé pourquoi Jésus ne pria pas lorsqu'on l'arrêta ? C'est parce qu'Il avait fini de prier avant le début de la crise.

Quand Jésus s'approcha du tombeau de Lazare, il n'aurait pas dit la moindre prière avant de le ressusciter. Il expliqua qu'il priait uniquement pour que les personnes qui l'entouraient sachent qu'Il avait un père.

Prêcher l'évangile et gagner les âmes perdues est une instruction très importante. Mais souvent, nous ne ressentons pas l'urgence d'obéir à cet ordre. Que vous ne ressentiez aucune pression ne signifie pas que ce n'est pas important. La pression ne signifie pas toujours qu'un ordre est important. Obéir au Seigneur même lorsque nous n'en ressentons pas l'urgence est une grande chose.

7. La conséquence de l'obéissance ou de la désobéissance à une petite instruction peut être si grande qu'aucun sacrifice ne peut les compenser

Regardez le gâchis dans lequel nous nous trouvons à cause de la désobéissance d'Ève au Seigneur. Quand l'Eternel Dieu lui demanda dans le Jardin d'Eden « Pourquoi as-tu fait cela ? », il entendait par-là :

Pourquoi as-tu amené des guerres dans le monde ?

Pourquoi as-tu créé des maladies ?

Pourquoi as-tu amené la perversion dans le monde ?

Pourquoi as-tu envoyé ces cancers et ces VIH à l'humanité ?

Pourquoi as-tu donné naissance à ces Saddam Hussein, Adolphe Hitler et Staline ?

Pourquoi as-tu amené des enterrements et des décès ?

Pourquoi as-tu suscité cette crainte et cet instinct de conservation de soi même qui prédomine dans le monde ?

Pourquoi as-tu amené la stérilité et la douleur aux femmes ?

Pourquoi as-tu créé la nécessité d'avoir des hôpitaux ?

Pourquoi as-tu créé ces handicapés, ces aveugles et ces boiteux ?

Ève n'avait pas la moindre idée de ce qu'elle allait causer par ce seul acte de désobéissance. Elle ne pouvait imaginer combien de douleurs et de souffrances elle amenait dans le monde. C'est une des pensées qui me maintient dans le ministère. Je pense à toutes les personnes qui périraient si je devais désobéir à Dieu.

Pensez à Jésus. Pensez à toutes les personnes qui ont été sauvées à travers Son ministère. Par un seul acte d'obéissance, Il a délivré des millions de personnes des affres de l'enfer.

Peut-être n'aurait-il pas porté les fruits qu'Il porte aujourd'hui s'il avait passé quatre vingts ans, à prêcher dans tous les pays. Il n'y a rien de tel que l'obéissance aux yeux de Dieu. L'obéissance vaut mieux que le sacrifice.

Ainsi donc, comme PAR UNE SEULE OFFENSE la condamnation a atteint tous les hommes, de même

par UN SEUL ACTE DE JUSTICE la justification qui donne la vie s'étend à tous les hommes.

Romains 5 : 18

C'est la vérité la plus importante que vous devez apprendre au sujet de l'obéissance.

Je me souviens de l'histoire d'un lieutenant d'armée qui avait reçu l'ordre d'ouvrir le feu sur une cible située à quelques kilomètres. Alors qu'il se préparait à tirer, l'opérateur radio reçut un message demandant au lieutenant de ne pas tirer. Il courut vers son officier pour lui transmettre le nouvel ordre. Quelque chose avait changé : la ligne occupée par l'ennemi était maintenant occupée par leurs propres troupes.

Mais le lieutenant était si zélé et désireux de combattre qu'il n'écouta pas l'opérateur radio. Il voulait tellement entrer dans la bataille qu'il n'écouta pas. L'histoire raconte que l'opérateur radio reçut une balle pendant qu'il suppliait son lieutenant d'écouter le nouveau message. Mais cela ne servit à rien. Il finit par mourir avant d'avoir pu transmettre le message. Le lieutenant ouvrit le feu et pilonna ce qu'il prenait pour la ligne ennemie.

Peu après, on l'informa que l'on comptait beaucoup de blessés parmi ses troupes suite à son bombardement. On l'informa qu'il avait tué un grand nombre de ses propres soldats. Plus tard, cet homme fut traduit devant la cour martiale.

Cette histoire montre qu'il est plus important d'obéir que de faire des sacrifices. Le jeune lieutenant voulait à tout prix combattre. Mais à ce moment-là, la meilleure chose à faire était de ne pas tirer et de ne pas participer au combat. Est-il possible que parfois, tout ce que nous devons faire, c'est nous retenir ?

Dieu est comme un général qui a une vue d'ensemble. Il sait quand faire des sacrifices et quand ne pas en faire, il sait quand tirer et quand ne pas tirer. J'ai appris que l'obéissance vaut mieux que le sacrifice. Dieu nous a demandé de ne pas faire les choses que nous aurions normalement faites. Est-il possible qu'à certains moments il soit plus important de ne pas prêcher que de prêcher parce que c'est ce que Dieu dit ?

L'apôtre Paul a dit qu'il avait reçu différents ordres du Seigneur. Parfois, il lui avait été ordonné d'être rassasié, et parfois, il avait reçu pour ordre d'avoir faim. Paul était résolu à obéir au Seigneur. Qu'il s'agisse d'être rassasié ou d'avoir faim, il était prêt à obéir !

> **Je sais vivre dans l'humiliation, et je sais vivre dans l'abondance. En tout et partout J'AI APPRIS À ÊTRE RASSASIÉ ET À AVOIR FAIM, à être dans l'abondance et à être dans la disette.**
>
> **Philippiens 4 : 12**

La désobéissance de Saül

Saül est l'exemple classique d'une personne qui pensait être plus sage que Dieu et pouvoir compenser sa désobéissance. Aucun sacrifice, de quelque importance qu'il soit, n'est acceptable aux yeux de Dieu s'il est fait dans la désobéissance. Lisez la Bible. On y voit beaucoup de sacrifices qui ne sont pas agréables à Dieu. Dieu n'a rien contre le sacrifice, mais Il veut d'abord votre obéissance.

> **QU'AI-JE AFFAIRE DE LA MULTITUDE DE VOS SACRIFICES ? dit L'ÉTERNEL. Je suis rassasié des holocaustes de béliers et de la graisse des veaux ; je ne prends point plaisir au sang des taureaux, des brebis et des boucs.**
>
> **Ésaïe 1 : 11**

La désobéissance de Josué

Dieu avait clairement ordonné à Josué de détruire toutes les nations païennes présentes en Terre promise. Il lui avait été expliqué que s'il désobéissait à cet ordre, ces mêmes nations deviendraient un piège pour les Israélites.

> **Mais SI VOUS NE CHASSEZ PAS DEVANT VOUS LES HABITANTS du pays, ceux d'entre eux que vous laisserez seront comme des ÉPINES dans vos yeux**

et des **AIGUILLONS** dans vos côtés, ils seront **VOS ENNEMIS** dans le pays où vous allez vous établir.

Nombres 33 : 55

Mais Josué laissa vivre les peuples païens de trois villes clés. Il obéit à Dieu dans toutes les autres villes, sauf à Gaza, Gath et Asdod. Lisez vous-mêmes.

La guerre que soutint Josué contre tous ces rois fut de longue durée. Il n'y eut aucune ville qui fit la paix avec les enfants d'Israël, excepté Gabaon, habitée par les Héviens ; ils les prirent toutes en combattant. Car l'ÉTERNEL permit que ces peuples s'obstinassent à faire la guerre contre Israël, afin qu'Israël les dévouât par interdit, sans qu'il y eût pour eux de miséricorde, et qu'il les détruisît, comme l'ÉTERNEL l'avait ordonné à Moïse.

Dans le même temps, Josué se mit en marche, et il extermina les Anakim de la montagne d'Hébron, de Debir, d'Anab, de toute la montagne de Juda et de toute la montagne d'Israël ; Josué les dévoua par interdit, avec leurs villes. IL NE RESTA POINT D'ANAKIM DANS LE PAYS DES ENFANTS D'ISRAËL ; IL N'EN RESTA QU'A GAZA, À GATH ET À ASDOD. Josué s'empara donc de tout le pays, selon tout ce que l'ÉTERNEL avait dit à Moïse.

Et Josué le donna en héritage à Israël, à chacun sa portion, d'après leurs tribus. Puis, le pays fut en repos et sans guerre.

Josué 11 : 18-23

Il est très intéressant de noter les trois peuples que Josué laissa en vie : Gaza, Gath et Asdod. Chacun de ces trois peuples donna naissance à un important ennemi du peuple de Dieu. Le Seigneur le savait, raison pour laquelle Il donna cette instruction.

Ces villes devinrent des terrains propices au développement de futurs ennemis. La ville de Gath produisit Goliath. Delila, qui était une écharde dans la chair de Samson, était originaire de Gaza. Le dieu Dagon, dans le temple duquel l'Arche de l'Alliance fut transportée, vivait dans le pays d'Asdod. Ces ennemis restèrent en vie pour combattre le peuple de Dieu, et personne n'a jamais oublié ces trois agents maléfiques. Peut-être êtes vous en train de donner naissance à de futurs ennemis de Dieu par votre désobéissance. Faire un sacrifice n'empêchera pas l'apparition de futurs ennemis, mais l'obéissance le fera.

Goliath de Gath

> **Un homme sortit alors du camp des Philistins et s'avança entre les deux armées. Il se nommait GOLIATH, IL ÉTAIT DE GATH, et il avait une taille de six coudées et un empan.**
>
> **1 Samuel 17 : 4**

Delila de Gaza

> **SAMSON partit pour GAZA… il aima une femme dans la vallée de Sorek. Elle se nommait Delila.**
>
> **Juges 16 : 1,4**

Dagon d'Asdod

> **Les Philistins prirent l'arche de Dieu, et ils la transportèrent d'Ében Ézer à Asdod. Après s'être emparés de l'arche de Dieu, les Philistins la firent entrer dans la maison de Dagon et la placèrent à côté de Dagon. Le lendemain, les Asdodiens, qui s'étaient levés de bon matin, trouvèrent Dagon étendu la face contre terre, devant l'arche de l'Éternel. Ils prirent Dagon, et le remirent à sa place.**
>
> **1 Samuel 5 : 1-3**

Que l'Eternel nous sauve de nos actuelles villes de Gath, de Gaza et d'Asdod !

Du reste, mon fils, tire instruction de ces choses ; on ne finirait pas, si l'on voulait faire un grand nombre de livres.

Chapitre 19

L'implantation d'églises et le ministère de sacrificateur

Quand les pasteurs deviennent des sacrificateurs, des églises solides naissent. Le ministère numéro un de Satan est d'accuser les pasteurs de mal. Il se tient devant le trône de Dieu et montre nos erreurs à nous et au Seigneur. Le ministère de l'accusation est si intense qu'« accusateur des frères » est le nom qui convient le mieux au diable. Pendant que ce ministère de l'accusation se poursuit, le ministère de l'intercession est exercé par les sacrificateurs du Seigneur. Seul le ministère de sacrificateur peut contrecarrer les actions de l'accusateur.

L'accusateur est comme un procureur. Si le procureur obtient gain de cause, le jugement sera exécuté. Si le ministère du sacrificateur n'est pas exercé, l'accusateur réussira.

Tout implanteur d'église devrait savoir sept choses au sujet du ministère de sacrificateur

1. Nous sommes sacrificateurs pour le Seigneur.

   Vous, au contraire, vous êtes une race élue, UN SACERDOCE ROYAL, une nation sainte, un peuple acquis, afin que vous annonciez les vertus de celui qui vous a appelés des ténèbres à son admirable lumière...

   1 Pierre 2 : 9

   ... et qui a fait de nous un royaume, des sacrificateurs pour Dieu son Père, à lui soient la gloire et la puissance, aux siècles des siècles ! Amen !

   Apocalypse 1 : 6

2. Nos prières sont de l'encens offert au Seigneur.

   Que ma PRIÈRE soit devant ta face comme l'ENCENS, et l'élévation de mes mains comme l'offrande du soir !

   Psaume 141 : 2

LA FUMÉE DES PARFUMS monta, **AVEC LES PRIÈRES DES SAINTS**, de la main de l'ange devant Dieu.

Apocalypse 8 : 4

3. Le sacrificateur offre son service AU Seigneur et non POUR le Seigneur.

Tout souverain sacrificateur est établi pour présenter des offrandes et des sacrifices ;

Hébreux 8 : 3

4. Il est nécessaire de brûler à perpétuité du parfum (faire des prières incessantes) devant l'Éternel.

Aaron y fera brûler du parfum odoriférant ; il en fera brûler chaque matin, lorsqu'il préparera les lampes ; il en fera brûler aussi entre les deux soirs, lorsqu'il arrangera les lampes. C'est ainsi que l'ON BRÛLERA À PERPÉTUITÉ DU PARFUM devant l'Éternel parmi vos descendants.

Exode 30 : 7-8

5. Le sacrificateur pèche lorsqu'il n'offre pas le parfum de la prière.

Loin de moi aussi de PÉCHER CONTRE L'ÉTERNEL, DE CESSER DE PRIER pour vous ! Je vous enseignerai le bon et le droit chemin.

1 Samuel 12 : 23

6. Le sacrificateur peut sauver (ou provoquer le salut) par l'intercession.

C'est aussi pour cela qu'IL PEUT SAUVER parfaitement ceux qui s'approchent de Dieu par lui, ÉTANT TOUJOURS VIVANT POUR INTERCÉDER EN LEUR FAVEUR.

Hébreux 7 : 25

7. De grands miracles s'accomplissent dans la vie du sacrificateur pendant qu'il accomplit son sacerdoce.

Du temps d'Hérode, roi de Judée, il y avait UN SACRIFICATEUR, NOMMÉ ZACHARIE, de la classe d'Abia ; sa femme était d'entre les filles d'Aaron, et s'appelait Élisabeth.

Tous deux étaient justes devant Dieu, observant d'une manière irréprochable tous les commandements et toutes les ordonnances du Seigneur. ILS N'AVAIENT POINT D'ENFANTS, parce qu'Élisabeth était stérile ; et ils étaient l'un et l'autre avancés en âge. Or, pendant QU'IL S'ACQUITTAIT DE SES FONCTIONS DEVANT DIEU, selon le tour de sa classe, IL FUT APPELÉ PAR LE SORT, d'après la règle du sacerdoce, à entrer dans le temple du Seigneur POUR OFFRIR LE PARFUM.

Toute la multitude du peuple était dehors en prière, à l'heure du parfum. ALORS UN ANGE DU SEIGNEUR APPARUT À ZACHARIE, et se tint debout à droite de l'autel des parfums. Zacharie fut troublé en le voyant, et la frayeur s'empara de lui. Mais l'ange lui dit : Ne crains point, Zacharie ; car ta prière a été exaucée.

Ta femme Élisabeth t'enfantera un fils, et tu lui donneras le nom de Jean. Il sera pour toi un sujet de joie et d'allégresse, et plusieurs se réjouiront de sa naissance. Car il sera grand devant le Seigneur.

Il ne boira ni vin, ni liqueur enivrante, et il sera rempli de l'Esprit Saint dès le sein de sa mère ; il ramènera plusieurs des fils d'Israël au Seigneur, leur Dieu ; il marchera devant Dieu avec l'esprit et la puissance d'Élie, pour ramener les coeurs des pères vers les enfants, et les rebelles à la sagesse des justes, afin de préparer au Seigneur un peuple bien disposé.

Zacharie dit à l'ange : À quoi reconnaîtrai-je cela ? Car je suis vieux, et ma femme est avancée en âge. L'ange lui répondit : Je suis Gabriel, je me tiens devant Dieu ;

j'ai été envoyé pour te parler, et pour t'annoncer cette bonne nouvelle.

Et voici, tu seras muet, et tu ne pourras parler jusqu'au jour où ces choses arriveront, parce que tu n'as pas cru à mes paroles, qui s'accompliront en leur temps. Cependant, le peuple attendait Zacharie, s'étonnant de ce qu'il restait si longtemps dans le temple.

Quand il sortit, il ne put leur parler, et ils comprirent qu'il avait eu une vision dans le temple ; il leur faisait des signes, et il resta muet. Lorsque ses jours de service furent écoulés, il s'en alla chez lui. Le temps où Élisabeth devait accoucher arriva, ET ELLE ENFANTA UN FILS.

Luc 1 : 5-23,57

Du reste, mon fils, tire instruction de ces choses ; on ne finirait pas, si l'on voulait faire un grand nombre de livres.

Chapitre 20

Comment implanter une église

Pourquoi les gens craignent de démarrer une église

Beaucoup de personnes craignent de démarrer une église parce qu'elles ne savent pas comment commencer quelque chose de nouveau. L'art de créer une église, c'est l'art de témoigner, d'assurer le suivi et de réunir les brebis. Vous n'avez pas besoin de détruire l'église de quelqu'un d'autre pour démarrer la vôtre ! Comment le prendriez-vous si quelqu'un venait construire sa maison près de la vôtre et décidait de casser votre maison et d'en retirer des briques pour construire la sienne ? Ce serait de la folie !

Malheureusement, cela semble être le seul moyen qu'ont trouvé certains pour démarrer une église. A partir d'aujourd'hui, n'ayez plus peur de créer une église de manière honorable. Si Dieu vous a réellement parlé, vous réussirez !

Calculez la dépense

Car, lequel de vous, s'il veut bâtir une tour, ne s'assied d'abord pour calculer la dépense...

Luc 14 : 28

Réfléchissez très bien à ce qu'implique le fait de démarrer une église. Ce ne sera pas facile ! Très peu de gens veulent s'identifier aux petites choses. J'ai appris il y a quelques années qu'il existe deux types de personnes dans ce monde. Il y a ceux qui mettent la barque à l'eau, et ceux qui sautent dans la barque une fois qu'elle est bien stabilisée sur l'eau. Quand la barque est encore sur le sable, il est très difficile de la mettre à l'eau. Une fois qu'elle est sur l'eau, elle est plus sûre et beaucoup de personnes y montent. C'est pourquoi il est plus facile à une grande église de croître.

À mes débuts dans le ministère, j'étais méprisé et combattu ! Quand j'y repense, je suis étonné d'avoir survécu tout seul aux tempêtes des débuts de mon église. À certains moments, j'avais envie d'abandonner. J'avais l'impression que le monde entier était contre moi. On me donnait toutes sortes de noms et on me ridiculisait.

Un jour, j'ai transporté une batterie de ma chambre à la résidence de l'école de médecine à une salle de classe proche. Les gens ont dû me prendre pour un illuminé ! « Mais que croit donc faire celui-ci avec un petit nombre d'étudiants en médecine et d'élèves infirmières ? »

Je ne recevais aucune aide des grandes églises de l'époque. Certaines se moquaient de moi et d'autres s'opposaient à moi. Je n'avais ni l'aide, ni l'approbation d'aucun homme de Dieu.

Ne désespérez pas

Ne soyez pas financièrement désespéré aux débuts de votre minis-tère. Faites attention à ne pas dépendre de l'église que vous êtes en train de créer pour votre survie financière. Ce serait une grande erreur ! Si vous le faites, vous serez un homme désespéré se raccrochant désespérément à un semblant d'espoir pour survivre.

Souvent, une petite église ne peut pas se permettre de payer le salaire du pasteur et encore moins de lui acheter une voiture. Ce que je conseille à quiconque démarre une église, c'est de trouver un emploi et de démarrer l'église en tant que laïc. Quand les gens voient que vous ne prêchez pas pour des raisons financières, ils s'intéressent davantage à votre nouvelle église.

Trop de pasteurs attendent désespérément que leur petit nombre de membres versent plus d'offrandes. Seize personnes ne peuvent pas s'occuper de vous. Vingt et une personnes ne peuvent pas vous entretenir et payer les fournitures scolaires de vos enfants. Ne soyez pas un pasteur désespéré ! Cherchez un emploi tout de suite ! Le moment venu, l'église aura plus que suffisamment d'argent pour s'occuper de ses pasteurs. J'ai dû investir beaucoup de mon argent pour mettre l'église sur pied. Aujourd'hui, je suis ministre à plein temps, mais les cinq premières années de l'existence de l'église, je n'ai perçu aucun salaire.

Une autre raison pour laquelle vous ne devez pas percevoir de salaire dans les premiers stades de l'existence de votre église est que vous aurez besoin d'argent pour acheter le matériel et assurer d'autres dépenses, telles que le loyer. Si vous siphonnez l'essentiel de l'argent de l'église, elle ne se développera pas normalement.

Deux ou trois suffisent

De combien de personnes a-t-on besoin pour démarrer une église ? La réponse se trouve dans la Bible : deux ou trois !

Car là où deux ou trois sont assemblés en mon nom, je suis au milieu d'eux.

Matthieu 18 : 20

Certaines personnes m'ont critiqué au sujet du fait d'avoir deux ou trois personnes dans une église. Eh bien, de telles critiques ne peuvent venir que d'un ignare. Je préfère entendre aboyer mes chiens le matin plutôt qu'écouter ces moqueurs inexpérimentés !

Je ne démarre pas mes églises avec la moitié des membres de l'église d'une autre personne. Si j'ai un pasteur prêt à obéir à Dieu, tout ce dont j'ai besoin, c'est de l'envoyer et il commencera le travail. La Lighthouse Cathedral a démarré avec le petit nombre de cinq personnes.

Lorsque je suis allé à Zurich pour y créer une église, je ne connaissais qu'une seule personne. Aujourd'hui, cette église compte plusieurs centaines de membres. Un pasteur qui ne connaissait personne en Afrique du Sud mais souhaitait faire l'œuvre de Dieu a implanté notre église en Afrique du Sud. Vous n'avez pas besoin de plus d'une personne pour créer une église.

J'ai des églises de trois membres seulement et je n'ai pas honte de le dire. N'essayez pas d'impressionner qui que ce soit, contentez-vous de faire l'œuvre de Dieu !

Parfois, les gens ont peur d'être les pionniers d'une église parce qu'ils ignorent comment accomplir les tâches chrétiennes de base. Qu'est-ce que j'entends par là ? Les tâches de base sont la prière, l'évangélisation et le suivi des convertis.

Si vous êtes vraiment appelé par Dieu, la seule personne dont vous avez besoin, c'est vous-même ! Toutes les églises qui ont démarré de cette façon ont grandi et sont devenues de grands arbres. La Bible dit que le Royaume de Dieu est semblable à un grain de sénevé.

> **...Le royaume des cieux est semblable à un grain de sénevé qu'un homme a pris et semé dans son champ. C'est la plus petite de toutes les semences ; mais, quand il a poussé, il est plus grand que les légumes et devient un arbre, de sorte que les oiseaux du ciel viennent habiter dans ses branches.**
> **Matthieu 13 : 31-32**

Que signifie cela ? Alors qu'une association d'anciens élèves ou un club de fitness peut démarrer avec un certain nombre de personnes, les débuts d'une église sont semblables à d'insignifiantes graines. Elles peuvent pousser et pousseront. Beaucoup de mes pasteurs sont surpris de voir leurs églises grandir. Ils n'arrivent pas à croire que l'église fonctionnera. Les débuts ont l'air si misérables, mais tel est le Royaume de Dieu.

La méga église n'avait qu'un membre !

Un jour, un de mes pasteurs se rendit à l'église, et une seule personne se présenta. Il me raconta qu'il était très découragé et déprimé. Il conduisit cette personne dans l'adoration. Puis il prêcha pour cette seule personne. Après, il préleva l'offrande de cette personne et clôtura le culte. Il me raconta comment il rentra à son appartement dans l'état de dépression le plus profond et le plus noir de sa vie. Je suis heureux de vous dire qu'aujourd'hui, son église est une méga église qui continue de grandir.

Ne soyez pas pressé

Aucune graine ne devient un arbre du jour au lendemain. Aucun être humain n'atteint 1 m 80 en une année. Aucun enfant de deux ans n'atteint l'âge de dix-huit ans en six mois. Si vous avez un esprit de hâte, vous ne réussirez pas à démarrer une église.

> **Un homme envieux a hâte de s'enrichir, et il ne sait pas que la disette viendra sur lui.**
>
> **Proverbes 28 : 22**

En fait, si vous êtes pressé, vous risquez de brûler les étapes, de briser l'église de quelqu'un d'autre et de critiquer ceux qui vous ont précédé. Vous commettrez de dangereux péchés dans les premiers jours de l'existence de votre jeune ministère. Ne vous attendez pas à grand-chose en l'espace d'une année. Ne soyez pas surpris si au bout de deux ans, votre église ne compte que vingt membres. Le grain de sénevé deviendra certainement une Méga église !

Priez pour et recrutez des piliers

Priez pour des ouvriers. Demandez à Dieu de vous envoyer des personnes pour vous aider. Ensuite, sortez recruter des piliers. Jésus invita des individus à le suivre. Jésus recruta Simon et André. Puis, il recruta Jacques et Jean.

> **Comme il passait le long de la mer de Galilée, il vit Simon et André, frère de Simon…Jésus leur dit : Suivez-moi, et je vous ferai pêcheurs d'hommes.**
>
> **Marc 1 : 16-17**

> **Étant allé un peu plus loin, il vit Jacques, fils de Zébédée, et Jean, son frère…Aussitôt, il les appela ; et, laissant leur père…, ils le suivirent.**
>
> **Marc 1 : 19-20**

Plus tard, ces personnes devinrent des piliers de l'église.

Jacques, Céphas et Jean, qui sont regardés comme des COLONNES...
Galates 2 : 9

Parfois, vous êtes obligé de voyager au loin pour convaincre certains piliers importants de se joindre à vous. Faites extrêmement attention à ne pas détruire l'église de quelqu'un d'autre en construisant la vôtre.

Faire une invitation générale diffère du fait d'obliger les gens à quitter leurs églises pour se joindre à vous. L'existence même d'une église est une invitation. Souvenez-vous qu'on récolte ce qu'on a semé (Galates 6 : 7). Si vous incitez les piliers de l'église de quelqu'un d'autre à s'en aller, un jour, il vous arrivera la même chose.

Prier pour des ouvriers est l'un des aspects les plus importants du recrutement. Faites-en un sujet de prière quotidien. Demandez à Dieu des ouvriers et des personnes engagées.

Demandez-lui des personnes loyales envers vous et tout ce que vous entreprenez. Demandez-lui des personnes qui vous apporteront leur soutien.

Priez donc le maître de la moisson d'envoyer des OUVRIERS dans sa moisson.
Matthieu 9 : 38

Jetez des fondations de prière

Je recommande une période moyenne de prière et de jeûne de trois semaines ou plus. Priez pour l'avenir de l'église. Ne vous attendez pas à voir des résultats dès la semaine suivante. La réponse à ces prières apparaîtra au cours des années suivantes.

À mon arrivée à Korle-Bu (la région d'Accra dans laquelle se trouve notre église), j'avais l'habitude de me rendre à la plage à 22 heures pour prier en compagnie de quatre autres étudiants en médecine. Nous priions souvent jusqu'à minuit. Debout sur les rochers au bord de la mer, je disais une prière toute simple : « Seigneur, que ta volonté soit faite ! Fais ce que tu veux de ma vie. « Au fil des années, le Seigneur a exaucé cette prière au-delà de ce que j'aurais pu imaginer, même dans mes rêves les plus fous.

Je crois au fait de jeter des fondations de prière et de jeûne dans les premiers stades de l'existence de toute église. L'église est une entité spirituelle, pas un club de société. Ses fondations doivent être à la fois scripturaires et spirituelles.

Certains passages des Écritures peuvent vous être utiles lorsque vous priez pour l'établissement et la croissance de l'église, à savoir :

…**Que ta volonté soit faite…**

Matthieu 6 : 10

…**Que ton règne vienne…**

Matthieu 6 : 10

Demande-moi et je te donnerai les nations pour héritage, les extrémités de la terre pour possession…

Psaumes 2 : 8

…**que tu étendes mes limites…**

1 Chroniques 4 : 10

…**je multiplierai les hommes comme un troupeau.**

Ézéchiel 36 : 37

…**A peine en travail, Sion a enfanté ses fils !**

Ésaïe 66 : 8

…**j'éprouve de nouveau les douleurs de l'enfantement…**

Galates 4 : 19

Soyez un dirigeant motivant

Une fois que vous avez rassemblé un petit nombre de personnes dans une pièce, vous devrez beaucoup les encourager et vous encourager vous-mêmes. Les gens penseront : « Vous êtes fou ? C'est ça une église ? » Vous devez apprendre à faire ce que fit David face au découragement : commencer par prendre courage, vous-même.

...Mais David reprit courage en s'appuyant sur l'Éternel, son Dieu.

1 Samuel 30 : 6

Ensuite, vous devez encourager les autres. Dites-leur que si les débuts semblent peu de choses, l'avenir lui sera grand !

Ton ancienne prospérité semblera peu de chose, celle qui t'est réservée sera bien plus grande.

Job 8 : 7

Dites-leur de ne pas mépriser les petits débuts. Expliquez-leur que la fin est toujours meilleure que le début.

Quand ils verront que vous êtes confiant, ils auront la motivation pour continuer avec l'église.

Mieux vaut la fin d'une chose que son commencement...

Ecclésiaste 7 : 8

Car ceux qui méprisaient le jour des faibles commencements...

Zacharie 4 : 10

Dites-leur qu'ils ont le privilège d'être les membres fondateurs d'une grande église. Expliquez que les fondations constituent l'élément le plus important d'un édifice, raison pour laquelle ils sont les membres les plus importants qu'aura jamais l'église. Dites leur que Jésus a toujours réservé une place et une récompense spéciale aux apôtres, parce qu'ils furent ses membres fondateurs.

Vous avez été édifiés sur le fondement des apôtres...

Éphésiens 2 : 20

Ne commettez pas l'erreur de les réprimander ou leur crier dessus. Ne déversez pas votre frustration sur le peu de membres que vous avez. Ce n'est pas de leur faute si l'église est petite à ses débuts. Prêchez la foi ! Prêchez l'espérance ! Prêchez la stabilisation ! Prêchez un avenir meilleur ! Les gens aiment entendre que demain sera un jour meilleur. Vous devez être courageux et téméraire lorsque vous prêchez.

Je vous le dis, même s'il ne se levait pas pour les lui donner parce que c'est son ami, il se lèverait à cause de son importunité [son manque de gêne] et lui donnerait tout ce dont il a besoin.

Luc 11 : 8

Le mot grec Anaidéia, rendu par importunité dans le passage ci-dessus, signifie également sans gêne. Quelqu'un qui insiste sans se gêner obtient des résultats. Voyons les choses en face ! Débuter un ministère avec un petit nombre de personnes s'accompagne d'une certaine dose de gêne. C'est pourquoi les gens méprisent les petits débuts !

Vous devez être sans gêne (Anadéia) dans tout ce que vous faites lorsque vous démarrez une église. Ne vous gênez pas d'inviter les gens à se joindre à vous dimanche matin. Quand ils verront que vous n'avez pas honte de votre église, ils voudront venir. Ne vous gênez pas de faire la publicité de votre église.

Les gens croiront ce que vous direz au sujet de votre église. Si vous avez un assistant, il faut qu'il dise des choses positives sur la prédication et l'église en général. Toutes ces choses aident à créer une atmosphère favorable à la croissance de l'église.

Témoignage et suivi

Ces deux choses doivent occuper une place importante dans les activités de votre église. Vous devez avoir le courage d'entrer dans les maisons de votre ville pour y prêcher Christ. Vous devez mener les gens à Christ dans leur salon sans aucune honte. Priez pour eux et invitez-les à l'église.

Tenez-vous dans la rue et parlez de Jésus-Christ aux passants. Si vous êtes incapable de faire l'évangélisation de rue sans avoir honte, c'est que vous ne pouvez pas être pasteur. Incitez la congrégation à inviter les gens à l'église chaque dimanche et montrez-leur l'exemple. Ne soyez pas déprimé si la plupart des visiteurs ne reviennent pas. De toute façon, la plupart ne resteront pas. Dieu amènera la croissance de façon surnaturelle.

Les pasteurs doivent connaître le principe spirituel de la semence et de la récolte. Quoi que vous semez, vous le récolterez.

Ce qu'un homme aura semé, il le moissonnera aussi.

Galates 6 : 7

Si vous semez des invitations et des évangélisations, un jour vous récolterez. L'expérience m'a appris qu'après une croisade ou une sortie d'évangélisation, on obtient très peu de résultats au début. Mais au bout d'un certain temps, les gens arrivent de l'endroit même où s'est déroulée l'évangélisation. En général, il ne s'agit pas des personnes à qui on a parlé, mais Dieu nous les envoie divinement.

Quelques erreurs à eviter

Ne vous empressez pas de nommer les gens à des postes de dirigeants. Laissez passer du temps avant de faire des nominations définitives. De toute manière, nombre de ceux qui sont avec vous au début vous quitteront. Ne soyez pas découragé du fait que l'assistance fluctue. Ne soyez pas découragé par la rotation des membres, c'est-à-dire par le fait qu'une partie des membres soit présente cette semaine et l'autre partie, la semaine d'après. C'est comme cela que les brebis se comportent. Ignorez-les !

Ne louez pas une salle qui coûte cher. Ne gardez pas l'argent de l'église chez vous ou sur un compte personnel. Un jour, quelqu'un vous accusera de vol, bien que vous ayez beaucoup apporté à l'église. Ne comptez pas l'argent vous-même, choisissez des personnes pour le faire.

Des choses dont vous n'avez pas besoin

Contrairement à ce que pensent les gens, il y a beaucoup de choses qui ne vous servent à rien lorsque vous démarrez une église. Vous n'avez besoin ni d'une carte de visite, ni d'un attaché-case pour bâtir une méga église. Avoir une constitution n'est pas vital au début. Ce qui est important, c'est d'avoir des membres et une congrégation régulière. Avoir un logo ou une banderole pour l'église n'est pas important.

Au début, vous n'aurez peut-être pas besoin de faire enregistrer l'église. La liberté d'association et de religion existe dans beaucoup de pays. Contentez-vous de bâtir l'église et de la remplir de monde. Priez pour ces personnes, prêchez la Parole, rendez visite aux brebis et faites confiance à Dieu ! Parce que Celui qui est au-dessus de tout est en vous, vous ne pouvez pas échouer !

Du reste, mon fils, tire instruction de ces choses ; on ne finirait pas, si l'on voulait faire un grand nombre de livres.

Chapitre 21

Implanter un réseau d'églises

Tout pasteur peut s'attendre à ce que le Seigneur l'utilise pour implanter plus d'une église. Au bout d'un certain temps, vous aurez un réseau d'églises. Ces églises devront être gérées. Gérer un réseau d'églises implique que vous formiez, encouragiez et guidiez une équipe de ministres dans leur travail.

Trois clés permettant d'implanter un réseau d'églises

Clé n° 1 : enseigner comment exercer le Ministère

La première clé qui permet d'implanter un réseau d'églises consiste à FORMER des ministres. La congrégation est un champ dans lequel vous semez des semences. Si vous plantez des semences de leadership et incitez vos membres à faire l'œuvre pastorale, ils le feront. Plus vous enseignerez comment exercer le ministère, plus le nombre de ministres potentiels augmentera.

Quand vous enseignez vos leaders, c'est en réalité un plus grand nombre de personnes que vous enseignez. Vous enseignez aussi les disciples de ce leader. Les pasteurs doivent connaître le principe de la croissance explosive : si vous voulez la CROISSANCE, enseignez vos membres. Si vous voulez une CROISSANCE EXPLOSIVE, enseignez vos leaders !

Enseigner les leaders vous donne de l'autorité par rapport aux dirigeants qui sont sous votre responsabilité. En effet, votre autorité sur eux se traduit par votre capacité à les nourrir. Enseigner des membres ordinaires est un investissement dans l'église d'aujourd'hui. Enseigner des leaders est un investissement pour le futur, lorsque vous ne serez plus là. Le succès sans successeur est un échec !

Tout pasteur doit enseigner des leaders, car Jésus Christ enseignait des leaders tout le temps. Les pasteurs doivent passer plus de temps à enseigner les leaders qu'à enseigner des membres ordinaires. C'est le modèle établi par Jésus-Christ. Enseigner des leaders est la plus grande clé d'une véritable expansion. Vous n'aurez personne à qui déléguer des responsabilités si vous n'avez pas formé de dirigeants.

Tout pasteur doit enseigner ses leaders parce qu'ils ne sauront jamais quoi faire si vous ne le leur enseignez pas. Beaucoup de pasteurs présument que les leaders potentiels qui les entourent acquerront des connaissances essentielles par osmose. Les gens ont le sentiment que le leadership est réservé à certaines personnes chez qui il est inné. L'osmose n'est pas la clé du leadership. L'enseignement, oui !

J'ai écrit beaucoup de livres sur ces sujets, que je vous recommande : Les laïcs et le ministère , La méga église , Transformez votre ministère pastoral , etc. Si vous enseignez le contenu de ces ouvrages à vos membres, vous serez surpris de ce qu'ils deviendront.

Clé n°2 - enseigner la loyauté

La LOYAUTÉ est la deuxième clé qui permet d'implanter un réseau d'églises. La loyauté est essentielle pour faire fonctionner un réseau d'églises. Les églises que vous implanterez ne seront pas situées au même endroit. Il est par conséquent nécessaire que les gens soient loyaux, où qu'ils se trouvent. J'ai beaucoup enseigné sur la loyauté. J'ai aussi écrit deux livres intitulés Loyauté et Déloyauté et les Leaders et la Loyauté. Je vous recommande ces deux ouvrages, car ils seront une bénédiction pour votre ministère.

Un jour, j'ai entendu quelqu'un me critiquer parce que j'enseignais la loyauté.

Il dit : « Pourquoi enseigner sur la loyauté et la déloyauté ? »

Il poursuivit en disant qu'être loyal n'est pas une chose que l'on enseigne, mais que l'on a envie de devenir à cause de la manière dont un dirigeant exerce son leadership.

Je ne fus pas surpris que mon cher critique n'ait jamais implanté de branche en dehors de son église, mais critiquait quelqu'un qui en avait implanté plus de quatre cents.

À une autre occasion, un cher pasteur me critiqua parce que j'enseignais sur la loyauté. Mais quand son église se divisa, il se mit à dévorer mes livres et en fit même la promotion auprès d'autres ministres. La loyauté est un sujet-clé qui doit être enseigné jusqu'à ce que la culture de la fidélité et la loyauté soit établie !

Clé n°3 - enseigner comment administrer une église

L'administration de l'église implique la gestion des églises qui ont été créées. Cela implique la gestion d'un ensemble de questions séculières et spirituelles. Cela implique un équilibre entre les choses naturelles et surnaturelles.

L'administration de l'église demande à la fois un leadership hiérarchique et un gouvernement démocratique. Ces deux styles sont bibliques. On trouve dans la Bible des exemples de formation de comités, notamment dans Actes 6. À l'instar de Paul et Timothée, la bible comporte également des exemples de leadership autocratique, où des instructions directes sont données.

L'administration de l'église nécessite à la fois la puissance et la sagesse de Dieu. (Voir mon livre intitulé l'administration de l'église).

Sans une bonne administration de l'église, tout ce que vous construisez finira par s'effondrer. Vous devez savoir comment administrer une église, sinon, votre ministère ressemblera à une fusée qui se désintègre peu après avoir décollé.

…mais puissance de Dieu et sagesse de Dieu pour ceux qui sont appelés, tant Juifs que Grecs.

1 Corinthiens 1 : 24

Avantages d'un réseau d'églises

1. L'histoire a montré que les réseaux d'églises ou de branches ont beaucoup de succès. Ces réseaux d'églises sont parfois appelés dénominations.

2. Il existe plusieurs réseaux d'églises bien connus dans le monde aujourd'hui. Ces réseaux sont souvent les congrégations les plus stables et établies partout. L'Église des Assemblées de Dieu, l'Église de Pentecôte, l'Église de Dieu en Christ en sont quelques exemples notables. La plus grande église au monde, dont le pasteur est David Yonggi Cho, fait partie du réseau de l'Église des Assemblées de Dieu.

3. L'histoire a montré qu'appartenir à un réseau d'églises peut donner naissance à des congrégations très grandes et stables. C'est peut-être la clé de la croissance de l'église pour votre congrégation.

4. Appartenir à un réseau d'églises permet parfois d'éliminer l'instabilité qui caractérise les jeunes églises indépendantes. La stagnation institutionnelle qui se produit parfois au sein de réseaux d'églises pourrait être un moindre mal par rapport aux avantages qui en découlent.

5. Dans un réseau d'églises, des principes éprouvés et testés sont transmis à des églises sœurs.

6. Dans un réseau d'églises, la réputation acquise permet de faire de la publicité et attire des personnes dans les églises. Cette réputation devient comme une franchise et constitue un important atout. La bonne réputation d'un réseau d'églises a aussi une importance spirituelle qui n'est pas quantifiable.

7. Dans un réseau d'églises, les membres formés bénéficient d'un système établi et respecté de recommandation et de nomination des pasteurs.

8. Les églises qui font partie d'un réseau peuvent s'entraider financièrement. Il est très improbable que vous obteniez un soutien financier en dehors de votre réseau. À travers un

système d'interdépendance fraternelle, les églises peuvent en faire beaucoup plus.

9. Les membres d'un réseau d'églises passent volontiers d'une église à l'autre. Avoir un réseau d'églises permet par conséquent de garder les membres au sein de celui-ci.

10. Les églises qui font partie du réseau bénéficient facilement des enseignements de ministres principaux oints de ce réseau. Aucun protocole n'est nécessaire pour cela et recevoir ces ministres ne leur coûte rien.

11. Les pasteurs appartenant à un réseau d'églises peuvent recevoir des conseils et des encouragements paternels d'aînés. Les pasteurs d'églises indépendantes sont souvent suspicieux et méfiants à l'égard de ministres externes qui se vantent d'être des pères. Il y a peu de confiance parce que les églises indépendantes font souvent la concurrence les unes avec les autres, plus qu'elles ne se soutiennent.

12. Les églises qui font partie d'un réseau opèrent sous une couverture spirituelle particulière. La même onction coule à travers tout le réseau parce qu'il s'agit en réalité d'une seule et même église.

Du reste, mon fils, tire instruction de ces choses ; on ne finirait pas, si l'on voulait faire un grand nombre de livres.

Les livres de Dag Heward-Mills

1. Loyauté et déloyauté
2. Loyauté et déloyauté - Ceux qui vous accuse
3. Loyauté et déloyauté - Ceux qui sont des fils dangereux
4. Loyauté et déloyauté - Ceux qui sont ignorant
5. Loyauté et déloyauté - Ceux qui oublient
6. Loyauté et déloyauté - Ceux qui vous quittent
7. Loyauté et déloyauté - Ceux qui prétendent
8. La croissance de l'Eglise
9. L'implantation de l'Eglise
10. La méga église (2ème Edition)
11. Recevoir l'onction
12. Etapes menant à l'onction
13. Les douces influences de l'onction
14. Amplifiez votre ministère par les miracles et les manifestations du Saint Esprit
15. Transformer votre ministère pastoral
16. L'art d'être berger
17. L'art de leadership (3ème Edition)
18. L'art de suivre
19. L'art de ministère
20. L'art d'entendre (2ème Edition)
21. Perdre, Souffrir, Sacrifier et Mourir
22. Ce que signifie devenir berger
23. Les dix principales erreurs que font les pasteurs
24. Car on donnera à celui qui a et à celui qui n'a pas on ôtera même ce qu'il a
25. Pourquoi les chrétiens qui ne paient pas la dime deviennent pauvres et comment les chrétiens qui paient la dime peuvent devenir riches.
26. La puissance du sang
27. Anagkazo
28. Dites-leur
29. Comment naître de nouveau et éviter l'enfer
30. Nombreux sont appelés
31. Dangers spirituels
32. La Rétrogradation
33. Nommez-le! Réclamez-le ! Prenez-le !
34. Les démons et comment les affronter
35. Comment prier
36. Formule pour l'humilité
37. Ma fille, tu peux y arriver
38. Comprendre le temps de recueillement
39. Ethique ministérielle (2ème Edition)
40. Laikos

Obtenez votre copie en ligne aujourd'hui à www.daghewardmills.fr

Facebook: Dag Heward-Mills
Twitter: EvangelistDag

www.ingramcontent.com/pod-product-compliance
Lightning Source LLC
Chambersburg PA
CBHW061652040426
42446CB00010B/1708